10분 투자로 메일의 달인이 되는

# 비즈니스
# 중국어 이메일

예스북

10분 투자로 메일의 달인이 되는

# 비즈니스
# 중국어 이메일

10분 투자로 메일의 달인이 되는

# 비즈니스
# 중국어 이메일

1쇄 인쇄 2014년 03월 10일
1쇄 발행 2014년 03월 13일

**지은이** | 김지나
**펴낸이** | 양봉숙
**디자인** | 김선희
**편  집** | 천수빈
**감  수** | 이춘령
**마케팅** | 이주철

**펴 낸 곳** | 예스북
**출판등록** | 제320-2005-25호 2005년 3월 21일
**주    소** | 서울시 마포구 노고산동 57-46 아이스페이스 1107호
**전    화** | (02)337-3053
**팩    스** | (02)337-3054
**E-mail** | yesbooks@naver.com
**홈페이지** | www.e-yesbook.co.kr

ISBN 978-89-92197-65-6 13720

값 13,000

인터넷 보급에 따라 비즈니스에서 메일은 필수불가결한 존재가 되었습니다. 메일에서 가장 중요한 점은 용건을 쉬운 문장으로 간결하고 명확하게 전달하는 기술입니다.

메일을 통해 비즈니스를 하다 보면 언어나 문화의 차이로 어쩔 수 없이 의사소통에 문제가 생기거나 트러블이 발생할 수가 있습니다. 하지만 상대방의 문화를 이해하고 진심으로 문장을 쓴다면 전달하고자 하는 내용을 충분히 전달할 수 있을 것입니다.

이 책에서는 기존에 소개되지 않았던 세밀한 상황 분류 및 그 상황에 맞는 기본 표현과 응용 표현들을 통해 여러분의 업무능력을 한층 끌어올리고, 나아가 보다 성공적인 비즈니스 결과를 이끌어내는 데 도움을 주고자 애썼습니다.

구성을 소개하면 이렇습니다. 기본적으로 중국어 비즈니스 메일에서 빈번하게 사용되는 기본 패턴을 상황별로 모았습니다. 처음 메일을 보낼 때 길잡이가 되어줄 '메일서두편', 급할 때 바로 보고 처리할 수 있는 '초간단 메일편', 자료를 첨부하고 전송 직전에 확인하면 도움이 될 '자료첨부 및 맺음말편', 각종 안내문을 발송할 때 유용한 '안내문편', 프로젝트의 진행과 처리, 결과 등 성공 프로젝트를 위한 '프로젝트편', 정중한 의뢰를 위한 센스 있는 한마디를 모은 '의뢰편', 정확한 의사를 오해 없이 전달할 때 도움이 될 '의사전달편', 문제 상황에 직면했을 때 해결의 힌트를 쥐어줄 '문제해결편' 등 총 8편, 34과의 구성입니다.

상대방의 언어와 문화를 이해하여 능숙하게 메일을 작성할 수 있다면 여러분은 이미 강력한 무기를 지닌 것이나 다름없습니다. 여러분의 경쟁력을 업그레이드시켜줄 길잡이로 가까이에 두고 자주 꺼내보시기 바랍니다. 아무쪼록 이 책이 여러분의 비즈니스에 조금이나마 도움을 줄 수 있길 희망하며 모두 건승하시길 바랍니다.

**김 지 나**

# 읽는 방법과 사용 방법

이 책은 비즈니스 현장에서 도움이 되는 중요한 표현을 어떻게 하면 쉽게 습득할 수 있는지에 중점을 두고 해설했다. 하나의 과는 모두 6페이지 분량으로 10분 정도의 짧은 시간만 있으면 읽을 수 있을 것이다. 업무 중 틈새 시간이나 이동 시간 등 자투리 시간을 활용해서 배울 수 있게 되어 있다.

상황별로 크게 34가지로 분류하여 레슨을 구성했다.
참조할 상황을 찾는 데 유용하다.

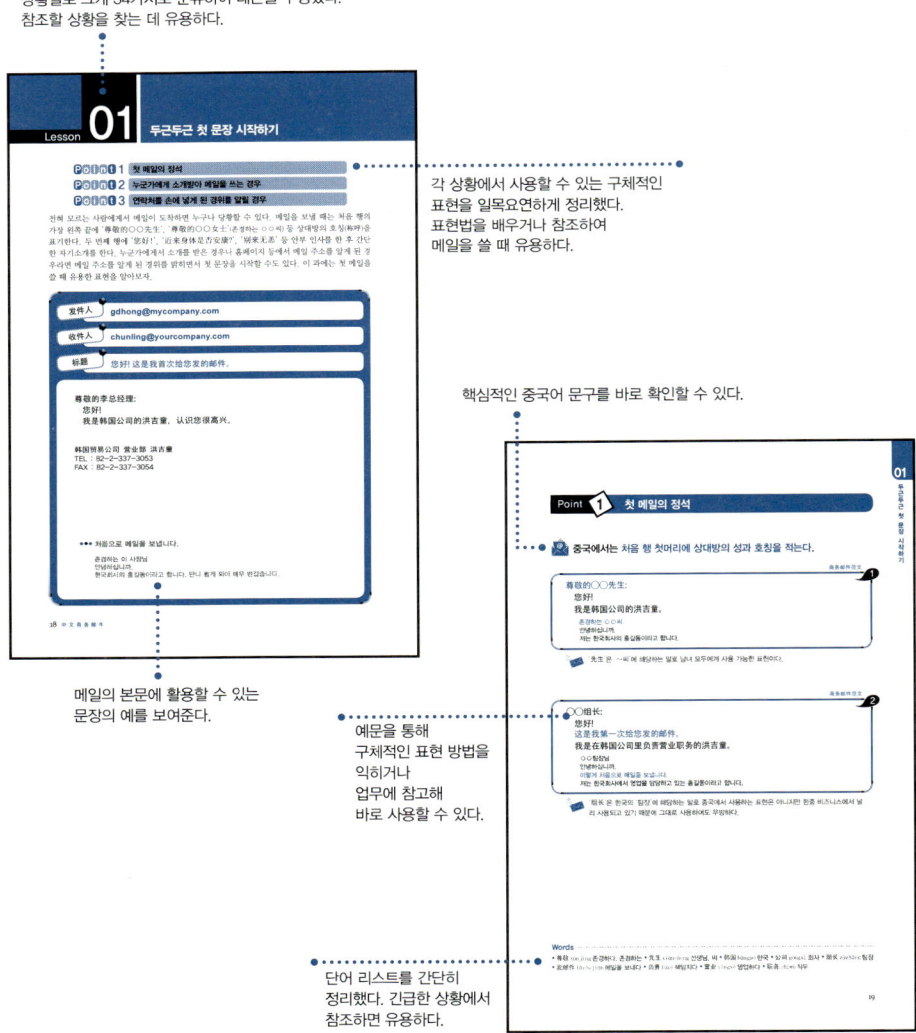

각 상황에서 사용할 수 있는 구체적인
표현을 일목요연하게 정리했다.
표현법을 배우거나 참조하여
메일을 쓸 때 유용하다.

핵심적인 중국어 문구를 바로 확인할 수 있다.

메일의 본문에 활용할 수 있는
문장의 예를 보여준다.

예문을 통해
구체적인 표현 방법을
익히거나
업무에 참고해
바로 사용할 수 있다.

단어 리스트를 간단히
정리했다. 긴급한 상황에서
참조하면 유용하다.

메일을 효과적으로 이용할 수 있도록
여러 가지 팁을 제공한다.

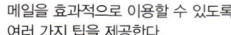

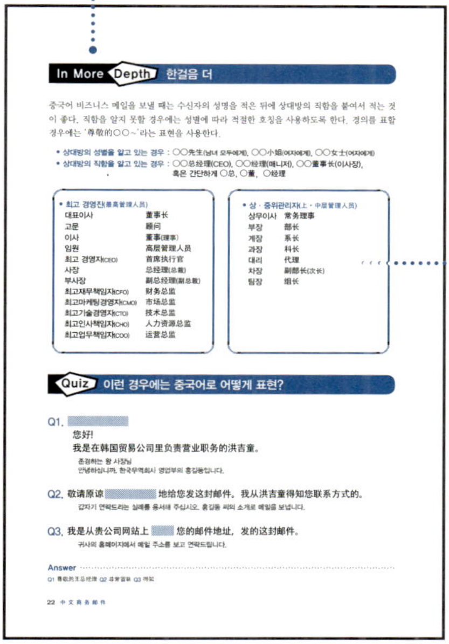

**In More Depth 한걸음 더**

중국어 비즈니스 메일을 보낼 때는 수신자의 성명을 적은 뒤에 상대방의 직함을 붙여서 적는 것이 좋다. 직함을 알지 못할 경우에는 성별에 따라 적절한 호칭을 사용하도록 한다. 경의를 표할 경우에는 '尊敬的○○~'라는 표현을 사용한다.

- 상대방의 성별을 알고 있는 경우 : ○○先生(남자 이름에게), ○○小姐(여자에게), ○○女士(여자에게)
- 상대방의 직함을 알고 있는 경우 : ○○总经理(CEO), ○○经理(매니저), ○○董事长(이사장), 혹은 간단하게 ○总, ○董, ○经理

| 최고 경영진(最高管理人员) | |
|---|---|
| 대표이사 | 董事长 |
| 고문 | 顾问 |
| 이사 | 董事(理事) |
| 임원 | 高层管理人员 |
| 최고경영자(CEO) | 首席执行官 |
| 사장 | 总经理(总裁) |
| 부사장 | 副总经理(副总裁) |
| 최고재무책임자(CFO) | 财务总监 |
| 최고기술경영자(CTO) | 技术总监 |
| 최고인사책임자(CHO) | 人力资源总监 |
| 최고업무책임자(COO) | 运营总监 |

| 상·중위관리자(상·中级管理人员) | |
|---|---|
| 상무이사 | 常务理事 |
| 부장 | 部长 |
| 계장 | 系长 |
| 과장 | 科长 |
| 대리 | 代理 |
| 차장 | 副部长(次长) |
| 팀장 | 组长 |

앞서 익힌 내용을 다시 한 번 확인하여
실무에서 사용하는 데 도움을 준다.

**Quiz 이런 경우에는 중국어로 어떻게 표현?**

Q1. ▨▨▨
您好!
我是在韩国贸易公司里负责业务职务的洪吉童。
존경하는 ○○님, 한국무역회사 영업부의 홍길동입니다.

Q2. 敬请原谅 ▨▨▨▨▨地给您发这封邮件，我从洪吉童得知您联系方式的。
갑자기 연락드리는 실례를 용서해 주십시오. 홍길동 씨의 소개로 메일을 보냅니다.

Q3. 我是从贵公司网站上 ▨▨▨▨ 您的邮件地址，发的这封邮件。
귀사의 홈페이지에서 메일 주소를 보고 연락드립니다.

Answer
01) 贸易公司 02) 非常冒昧 03) 得知

22  中文商务邮件

한중번역에 도전해봄으로써 표현방법을
완전히 내 것으로 만든다.

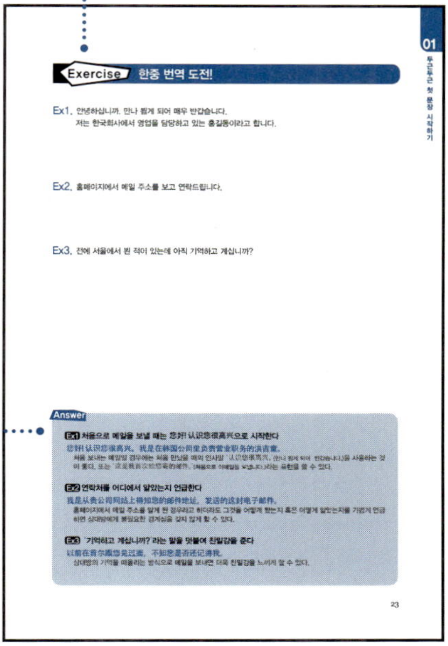

**Exercise 한중 번역 도전!**

Ex1. 안녕하십니까. 만나 뵙게 되어 매우 반갑습니다.
저는 한국회사에서 영업을 담당하고 있는 홍길동이라고 합니다.

Ex2. 홈페이지에서 메일 주소를 보고 연락드립니다.

Ex3. 전에 서울에서 뵌 적이 있었는 아직 기억하고 계십니까?

**Answer**

**Ex1 처음으로 메일을 보낼 때는 您好!以您您尊敬开始로 시작한다**
您好! 认识您很高兴。我是在韩国公司里负责营业职务的洪吉童。
처음 상대방에게 메일을 보낼 때 이름을 모를 경우에는 您好! (안녕하세요) 라는 표현을 사용하면 되는 것이고 이름을 알고 있을 경우에는 尊敬的 홍길동 先生이라는 표현을 쓸 수 있다.

**Ex2 연락처를 어디에서 알았는지 언급한다**
我是从贵公司网站上得知您的邮件地址，发的这封电子邮件。
홈페이지에서 메일 주소를 보고 연락드리는 것이라면 홈페이지를 어떻게 해서 혹은 어떻게 알았는지를 기재하여야 한다.

**Ex3 '기억하고 계십니까?'라는 말을 덧붙여 친밀감을 준다**
以前在首尔我们见过面比起，不知您还记得记得吗。
상대방이 기억을 하는지를 물어보면 보내면 더 친밀감을 줄 수 있다.

01 (세로 텍스트)

자신이 번역한 것을 정답과
비교해 보고 해설을 통해
실력을 다진다.

23

7

# 메일의 형식

대개 메일 쓰기를 클릭하면 다음과 같은 모습을 볼 수 있다.

| | | |
|---|---|---|
| ❶보내는 사람 | 发件人 | gdhong@mycompany.com |
| ❷받는 사람 | 收件人 | chunling@yourcompany.com |
| ❸참조 | 抄送人 | |
| ❹숨은 참조 | 密送人 | |
| ❺제목 | 标题 | |
| ❻파일첨부 | 附件 | |

❼-1받는 사람(称呼) ……… 尊敬的李主任:

❼-2인사말(开头) ………
您好!
承蒙您的照顾，我们一切都很好。

❼-3내용(正文) ………
我们计划开发新的应用软件。
请问，您有什么关于智能手机市场调查的资料吗?
若您有什么资料，请寄给我。

❼-4맺음말(结尾句) ……… 谢谢。还请您多多关照。

❽서명(署名) ………
韩国贸易公司 营业部 洪吉童
TEL : 82-2-337-3053
FAX : 82-2-337-3054

## 1. 发件人 보내는 사람

보내는 사람의 메일주소를 입력한다.

## 2. 收件人 받는 사람

받는 사람의 메일주소를 입력한다.

### 3. Cc(抄送人) 참조

Carbon Copy의 약자인 Cc에는 이 메일을 받아 볼 다른 사람의 이메일 주소를 입력할 수 있다. 세미콜론(;)이나 쉼표(,)를 사용하여 필요한 사람들의 이메일 주소를 입력한다. 여기에 표시되는 수신자들은 서로 누가 이 메일을 받아보았는지 알 수 있다.

### 4. Bcc(密送人) 숨은 참조

Bcc는 Blind Carbon Copy의 약자이다. Bcc로 메일을 수신하는 사람은 이 메일을 자기 말고 또 누가 받아보았는지 알 수가 없다. 때문에 비밀스럽게 보낼 때 사용하거나, 수신자들이 서로의 이메일 주소를 모르게 하고 싶을 때 사용한다.

### 5. 标题 제목

요즘 같이 메일 광고가 넘쳐나는 시기에는 특히나 이 제목이 중요하다. 스팸메일로 착각하기 쉬운 제목은 피하고 메일의 내용을 간단하면서도 정확하게 전달할 수 있는 제목을 선택하는 것이 필요하다.

### 6. 附件 파일첨부

요즘은 네트워크 환경이 좋아져서 대용량 첨부도 큰 문제가 되지는 않는다. 하지만 수신환경은 나라와 수신지역마다 차이가 있을 수 있으므로 용량이 크다면 되도록 나누거나 압축해서 보내는 것이 좋다.

### 7. 본문

#### 7-1. 称呼 받는 사람
소속이 없는 사람이라면 이름을, 소속이 있는 사람이라면 회사명, 부서명, 이름을 쓴다.

#### 7-2. 开头 인사말
평소의 감사의 마음을 전하는 말부터 안부를 묻는 인사말이 많다. 하지만 자주 메일을 주고받는 사이라면 인사말을 생략하고 시작할 수도 있다.

#### 7-3. 正文 내용
신속하고 간결하게 메시지를 전달할 수 있는 것이 메일의 장점이다. 따라서 본문의 내용을 간결하고 명확하게 표현하는 것이야말로 메일의 생명이라고 할 수 있다.

#### 7-4. 结尾句 맺음말
잘 부탁한다는 말, 답장이 급할 경우 재촉하는 말 등을 쓴다.

## 8. 署名 서명

　　보내는 사람의 이름, 회사, 소속 부서, 지위, 전화번호, 홈페이지 주소 등이 들어간 서명파일을 만들어 사용한다. 해외로 보내는 경우에는 전화번호나 팩스번호에 국가번호를 넣는 것이 좋다.

예 1.

韩国贸易公司 营业部 洪吉童
IcePaceBuilding 1107, Nogosan-dong, Mapo-gu, Seoul, Korea
TEL : 82-2-337-3053
FAX : 82-2-337-3054
http://www.mycompany.com

예 2.

韩国贸易公司 营业部 洪吉童
TEL : 82-2-337-3053
FAX : 82-2-337-3054

# CONTENTS

# CONTENTS

# CONTENTS

# 每天10分钟,
# 让您轻松成为中文商务邮件达人!

**10분 투자로 메일의 달인 되는 법**

아무리 중국어 실력이 뛰어난 사람이라도 처음 중국어로 메일을 쓸 때는 어떤 식으로 풀어나가야 할지 망설이게 될 것이다. Part1에서는 메일을 상대에게 처음 보낼 때, 평소 거래처에 보낼 때, 답장을 보낼 때, 회사 소개를 할 때 등 메일 서두에 쓰는 기본 표현을 알아보자.

# 메일서두편 Part 1

# 두근두근 첫 문장 시작하기

**Point 1** 첫 메일의 정석
**Point 2** 누군가에게 소개받아 메일을 쓰는 경우
**Point 3** 연락처를 손에 넣게 된 경위를 알릴 경우

전혀 모르는 사람에게서 메일이 도착하면 누구나 당황할 수 있다. 메일을 보낼 때는 처음 행의 가장 왼쪽 끝에 '尊敬的○○先生', '尊敬的○○女士'(존경하는 ○○씨) 등 상대방의 호칭을 표기한다. 두 번째 행에 '您好!', '近来身体是否安康?', '别来无恙' 등 안부 인사를 한 후 간단한 자기소개를 한다. 누군가에게서 소개를 받은 경우나 홈페이지 등에서 메일 주소를 알게 된 경우라면 메일 주소를 알게 된 경위를 밝히면서 첫 문장을 시작할 수도 있다. 이 과에는 첫 메일을 쓸 때 유용한 표현을 알아보자.

发件人　gdhong@mycompany.com

收件人　chunling@yourcompany.com

标题　您好! 这是我首次给您发的邮件。

尊敬的李总经理:
　您好!
　我是韩国公司的洪吉童, 认识您很高兴。

韩国贸易公司 营业部 洪吉童
TEL : 82-2-337-3053
FAX : 82-2-337-3054

●●● 처음으로 메일을 보냅니다.

존경하는 이 사장님
안녕하십니까.
한국회사의 홍길동이라고 합니다. 만나 뵙게 되어 매우 반갑습니다.

## Point 1 · 첫 메일의 정석

 **중국에서는 처음 행 첫머리에 상대방의 성과 호칭을 적는다**

商务邮件范文

> 尊敬的○○先生:
> 您好!
> 我是韩国公司的洪吉童。
>
> 존경하는 ○○씨
> 안녕하십니까.
> 저는 한국회사의 홍길동이라고 합니다.

'先生'은 '~씨'에 해당하는 말로 남녀 모두에게 사용 가능한 표현이다.

商务邮件范文

> ○○组长:
> 您好!
> 这是我第一次给您发的邮件。
> 我是在韩国公司里负责营业职务的洪吉童。
>
> ○○팀장님
> 안녕하십니까.
> 이렇게 처음으로 메일을 보냅니다.
> 저는 한국회사에서 영업을 담당하고 있는 홍길동이라고 합니다.

'组长'은 한국의 '팀장'에 해당하는 말로 중국에서 사용하는 표현은 아니지만 한중 비즈니스에서 널리 사용되고 있기 때문에 그대로 사용하여도 무방하다.

**Words** ··································································································································
• 尊敬 zūnjìng 존경하다, 존경하는 • 先生 xiānsheng 선생님, 씨 • 韩国 hánguó 한국 • 公司 gōngsī 회사 • 组长 zǔzhǎng 팀장
• 发邮件 fāyóujiàn 메일을 보내다 • 负责 fùzé 책임지다 • 营业 yíngyè 영업하다 • 职务 zhíwù 직무

##  소개를 받아서 메일을 보낼 때는 **양해**를 먼저 구한다

商务邮件范文

**1**

· 非常冒昧地给您发这封邮件，敬请原谅。我从○○得知您的联系方式。
· 敬请原谅这么冒昧地给您发这封邮件。我是通过○○得知您联系方式的。

갑작스럽게 메일을 보내 죄송합니다. ○○씨의 소개로 연락드립니다.

처음 보낼 때 쓰는 표현이다. '非常冒昧地给您发这封邮件'이라고 먼저 사과의 인사말로 시작한다. 소개한 사람이 누구인지 말할 때 쓰는 가장 간단한 표현이다. '○○'에 회사명 또는 사람 이름을 넣어 말한다.

商务邮件范文

**2**

我叫洪吉童，是从中国贸易公司的李建浩那儿得知您联系方式的。

중국무역회사의 이건호 씨에게서 소개받은 홍길동입니다.

소개한 사람의 이름뿐만 아니라 회사명도 같이 밝히면 상대방이 소개한 사람이 누구인지 바로 알고 당황하지 않을 것이다.

商务邮件范文

**3**

我听了本公司李建浩组长的介绍，如此给您发了这封电子邮件。

당사 이건호 팀장님의 소개로 이 메일을 보냅니다.

'누구누구에게 소개받고 이 메일을 쓰고 있다'라는 뉘앙스로 말할 때 쓰는 표현이다. '本公司'는 '본사, 당사'를 뜻하며 자신의 회사가 아닌 다른 회사 사람의 소개인 경우에는 '听○○公司○○的介绍~(○○회사의 ○○씨의 소개로~)'라고 말하면 된다.

**Words**······················································································································
• 冒昧 màomèi 외람되다, 주제넘다 • 敬请 jìngqǐng 공경히 청하다, 부탁하다 • 原谅 yuánliàng 이해하다, 양해하다
• 得知 dézhī 알게 되다 • 联系 liánxì 연락하다 • 贸易 màoyì 무역, 교역 • 介绍 jièshào 소개하다, 추천하다

## 낯선 사람에게 메일을 보낼 때는 **그 경위**를 밝힌다

商务邮件范文 **1**

我从贵公司网站得知您的邮件地址，发的这封电子邮件。

귀사의 홈페이지에서 메일 주소를 보고 연락드립니다.

메일 주소를 어디서 알았는지 알리는 일반적인 표현이다. 안면이 없는 사람에게 처음 메일을 보낼 때는 연락처를 어디서 알게 되었는지를 메일의 첫 부분에 간단하게 밝히도록 하자.

商务邮件范文 **2**

我叫洪吉童。以前在首尔跟您见过面，不知您是否还记得我。

저는 홍길동입니다. 전에 서울에서 뵌 적이 있는데 아직 기억하고 계십니까?

언젠가 만난 적이 있는 사람에게 자신을 기억하는지 물으면서 자연스럽게 메일의 서두를 꺼내는 표현이다.

商务邮件范文 **3**

在○○网站上看到贵公司的信息和采购需求，想咨询一下你是否有意想和我公司合作。

○○홈페이지에서 귀사의 정보와 구매 수요를 확인하였습니다. 저희 회사와 협력할 의사가 있으신지 알고 싶습니다.

첫 메일을 쓸 때는 상대의 홈페이지에서 관련 정보를 알게 된 경우라도 그 경위를 구체적으로 설명해 주는 것이 예의이다.

---

**Words** ·····································································································

• 网站 wǎngzhàn 홈페이지 • 邮件地址 yóujiàn dìzhǐ 메일 주소 • 首尔 shǒuěr 서울 • 记 jì 기억하다, 적다
• 采购需求 cǎigòu xūqiú 구매 수요 • 咨询 zīxún 의논하다, 문의하다 • 合作 hézuò 협력하다, 합작하다

## In More ◁Depth▷ 한걸음 더

중국어 비즈니스 메일을 보낼 때는 수신자의 성명을 적은 뒤에 상대방의 직함을 붙여서 적는 것이 좋다. 직함을 알지 못할 경우에는 성별에 따라 적절한 호칭을 사용하도록 한다. 경의를 표할 경우에는 '尊敬的○○~'라는 표현을 사용한다.

- **상대방의 성별을 알고 있는 경우 :** ○○先生(남녀 모두에게), ○○小姐(여자에게), ○○女士(여자에게)
- **상대방의 직함을 알고 있는 경우 :** ○○总经理(CEO), ○○经理(매니저), ○○董事长(이사장),
  혹은 간단하게 ○总, ○董, ○经理

| **● 최고 경영진**(最高管理人员) | | **● 상·중위관리자**(上·中层管理人员) | |
|---|---|---|---|
| 대표이사 | 董事长 | 상무이사 | 常务理事 |
| 고문 | 顾问 | 부장 | 部长 |
| 이사 | 董事(理事) | 계장 | 系长 |
| 임원 | 高层管理人员 | 과장 | 科长 |
| 최고 경영자(CEO) | 首席执行官 | 대리 | 代理 |
| 사장 | 总经理(总裁) | 차장 | 副部长(次长) |
| 부사장 | 副总经理(副总裁) | 팀장 | 组长 |
| 최고재무책임자(CFO) | 财务总监 | | |
| 최고마케팅경영자(CMO) | 市场总监 | | |
| 최고기술경영자(CTO) | 技术总监 | | |
| 최고인사책임자(CHO) | 人力资源总监 | | |
| 최고업무책임자(COO) | 运营总监 | | |

## ◁Quiz▷ 이런 경우에는 중국어로 어떻게 표현?

**Q1.** ▭▭▭▭▭
  您好!
  我是在韩国贸易公司里负责营业职务的洪吉童。

  존경하는 왕 사장님
  안녕하십니까. 한국무역회사 영업부의 홍길동입니다.

**Q2.** 敬请原谅 ▭▭▭▭▭ 地给您发这封邮件。我从洪吉童得知您联系方式的。

  갑자기 연락드리는 실례를 용서해 주십시오. 홍길동 씨의 소개로 메일을 보냅니다.

**Q3.** 我是从贵公司网站上 ▭▭▭ 您的邮件地址，发的这封邮件。

  귀사의 홈페이지에서 메일 주소를 보고 연락드립니다.

**Answer** ··················································································································································

Q1 尊敬的王总经理　Q2 非常冒昧　Q3 得知

## Exercise 한중 번역 도전!

**Ex1.** 안녕하십니까. 만나 뵙게 되어 매우 반갑습니다.
저는 한국회사에서 영업을 담당하고 있는 홍길동이라고 합니다.

**Ex2.** 홈페이지에서 메일 주소를 보고 연락드립니다.

**Ex3.** 전에 서울에서 뵌 적이 있는데 아직 기억하고 계십니까?

---

**Answer**

**Ex1** 처음으로 메일을 보낼 때는 您好! 认识您很高兴으로 시작한다

您好! 认识您很高兴。我是在韩国公司里负责营业职务的洪吉童。
　처음 보내는 메일일 경우에는 처음 만났을 때의 인사말 '认识您很高兴.'(만나 뵙게 되어 반갑습니다.)을 사용하는 것이 좋다. 또는 '这是我首次给您寄的邮件.'(처음으로 이메일을 보냅니다.)라는 표현을 쓸 수 있다.

**Ex2** 연락처를 어디에서 알았는지 언급한다

我是从贵公司网站上得知您的邮件地址，发送的这封电子邮件。
　홈페이지에서 메일 주소를 알게 된 경우라고 하더라도 그것을 어떻게 봤는지 혹은 어떻게 알았는지를 가볍게 언급하면 상대방에게 불필요한 경계심을 갖지 않게 할 수 있다.

**Ex3** '기억하고 계십니까?'라는 말을 덧붙여 친밀감을 준다

以前在首尔跟您见过面，不知您是否还记得我。
　상대방의 기억을 떠올리는 방식으로 메일을 보내면 더욱 친밀감을 느끼게 할 수 있다.

**Point 1** 자신을 소개해야 하는 경우
**Point 2** 평소에 보내는 메일은 요렇게!
**Point 3** 오랜만이라면 이런 메일 패턴 어때?

우리는 거래처에 메일을 쓸 경우 흔히 '안녕하세요. ○○회사의 ○○○입니다.'라는 인사말을 서두에 쓴다. 중국 비즈니스 메일 역시 회사명과 이름을 말하는 것으로 시작한다. 이 과에서는 평소 거래처에 보내는 메일에서 자주 쓰는 시작 표현을 알아보자.

发件人  gdhong@mycompany.com

收件人  chunling@yourcompany.com

标题  您好! 我是洪吉童。

李主任:
您好!
我是韩国贸易公司的洪吉童。托您的福, 现在我们一切都好。
好久没有给您发邮件了。您最近好吗?


韩国贸易公司 营业部 洪吉童
TEL : 82-2-337-3053
FAX : 82-2-337-3054



●●● 홍길동입니다

한국 무역회사의 홍길동입니다. 덕분에 잘 지내고 있습니다.
한동안 연락 못 드렸는데, 어떻게 지내고 계신가요?

## Point 1 · 자신을 소개해야 하는 경우

 자기소개는 我是在○○公司里工作的○○○ 또는
我是○○公司的○○○이 일반적이다

商务邮件范文 **1**

· 我是在韩国贸易公司里工作的洪吉童。
· 我是韩国贸易公司的洪吉童。
　　저는 한국 무역회사의 홍길동입니다.

 자기소개에서 가장 기본이 되는 표현이다. 처음에 자신을 소개할 때는 회사이름, 본인의 이름순으로 말한다.

商务邮件范文 **2**

我是韩国贸易公司的人事部部长洪吉童。
　　저는 한국 무역회사 인사부 부장인 홍길동이라고 합니다.

 조금 더 구체적으로 자기소개를 할 때 쓸 수 있는 표현이다. 이때는 회사명, 부서명, 직급, 이름순으로 말한다. '的'대신 '我叫○○○。 在○○公司里负责○○职位。'(저는 ○○○입니다. ○○회사에서 ○○직을 담당하고 있습니다.)로 바꿔 쓸 수 있다.

商务邮件范文 **3**

我叫朴智星，这次在人事部负责营业职务。
　　이번에 인사부에서 영업을 담당하게 된 박지성입니다.

 새로운 부서에 오게 되어 인사 메일을 보낼 때 쓰는 표현이다. 담당자가 바뀌어서 자기소개를 할 때는 '这次在○○部负责○○业务。'(이번에 ○○부에서 ○○업무를 담당하게 되었습니다.) 혹은 '我是新来的○○○， 负责○○业务。'(이번에 새로 온 ○○○라고 합니다. ○○업무를 담당하게 되었습니다.)라는 표현을 사용한다.

---

**Words** ·······························································

• 工作 gōngzuò 일하다, 업무, 근무 • 人事部 rénshìbù 인사부 • 部长 bùzhǎng 부장 • 负责 fùzé 책임지다
• 营业 yíngyè 영업하다 • 职务 zhíwù 직무

평소 거래처에 메일을 보낼 때는 **托您的福，我们一切都好** 등 다양한 표현을 쓴다

商务邮件范文 **1**

我是○○公司的洪吉童。 **托您的福，我们一切都好。**
○○사의 홍길동입니다. 덕분에 잘 지내고 있습니다.

메일 서두에 사용할 수 있는 표현이다. '덕분에 잘 지내고 있다'라고 감사의 인사말로 거래처에 메일을 보낼 때 쓴다. '托○○的福'는 '○○덕분에, ○○덕택에'라는 뜻으로 '托您的福，新产品很畅销，因此我们决定扩大生产规模。'(덕분에 신상품 판매가 호조를 보여 생산량을 늘리기로 하였습니다.)와 같은 문장에서 사용할 수 있다.

商务邮件范文 **2**

我们**对**贵公司给予我们的信赖与支持**表示衷心的感谢。**
아낌없는 성원과 지지를 보내주신 귀사에 대해 진심으로 감사드립니다.

상대가 무엇인가를 해 주었을 때 그에 대한 감사의 말로 쓰는 표현이다. '对~表示衷心的感谢。'는 '~에 대해 진심으로 감사드립니다'라는 표현이다. '向~表示由衷的感谢。'의 '向'뒤에는 감사를 드리는 대상이 나온다.

商务邮件范文 **3**

**得益于**贵公司的有力配合，我们一直保持稳定的增长趋势。
적극적으로 협력해 주신 덕분에 계속해서 안정적인 성장세를 유지하고 있습니다.

'得益于~'는 '~덕택이다, ~덕분이다'라는 뜻이다. '得益于贵公司的精心安排'(귀사의 정성어린 준비), '得益于贵公司给予我们的支持'(귀사가 보내주신 지지) 등 다양한 표현이 올 수 있다.

**Words** · · · · · · · · · · · · · · · · · · · · · · · · · · · · · · · · · · · · · · · · · · · · · · · · · · · · · · · · · · · · · · · ·
- 托~的福 tuō defú ~덕택에 • 畅销 chàngxiāo 잘 팔리다 • 扩大规模 kuòdà guīmó 규모를 확대하다 • 给予 jǐyǔ 주다
- 信赖 xìnlài 신뢰하다 • 支持 zhīchí 지지하다
- 对~表示衷心的感谢 duì ~biǎoshì zhōngxīnde gǎnxiè ~에 대해 진심으로 감사드립니다
- 得益于 déyìyú ~덕분에, ~덕택에 • 配合 pèihé 협력하다 • 保持增长趋势 bǎochí zēngzhǎng qūshì 성장세를 유지하다
- 精心安排 jīngxīn ānpái 정성어린 준비, 세심한 준비

Point 3     오랜만이라면 이런 메일 패턴 어때?

 오랜만에 메일을 보낼 때는 好久不见了。您还好吗?로 시작한다

商务邮件范文 **1**

好久不见了。最近您还好吗?
> 오랜만입니다. 별일 없으십니까?

오랜만에 메일을 보낼 때 쓰는 일반적인 표현이다. 뒤에는 '去年在聚会上跟你见过面后，今年还是第一次给您发邮件。'(작년 모임에서 만나 뵌 이후 올해 처음으로 이메일을 보냅니다.)과 같은 말이 따른다.

商务邮件范文 **2**

很久没有给您发邮件了。您最近过得还好吗?
> 오랫동안 소식을 전하지 못했습니다. 어떻게 지내고 계신가요?

'好久不见了!', '好久没见了!'(오랜만입니다)외에 '很久没有给您发邮件了'(오랫동안 소식을 전하지 못했습니다.)라는 표현을 사용할 수 있다. '您全家都好吗?'(가족 모두 건강하십니까?), '您近来身体好吗?'(요즈음 건강하십니까?)라는 안부 인사를 하기도 한다.

商务邮件范文 **3**

不知道您近况如何? 想必您一定很好吧。
> 어떻게 지내고 계신지 궁금합니다. 건강히 잘 지내시리라 믿습니다.

긴 시간동안 연락이 없었거나 만나지 못한 사람에게 메일을 보낼 때 쓰는 표현이다. '不好意思。好久没给您发邮件了，还请原谅。'(좀처럼 연락도 못 드리고 죄송합니다. 용서해주시길 바랍니다.)으로 바꿔 쓸 수 있다.

**Words** ·······
- 好久不见 hǎojiǔbújiàn 오래간만이에요 · 聚会 jùhuì 모임 · 全家 quánjiā 온 집안, 전 가족 · 见面 jiànmiàn 만나다
- 近来 jìnlái 요즘, 최근 · 身体 shēntǐ 몸, 건강 · 近况 jìnkuàng 근황 · 如何 rúhé 어떠한가
- 原谅 yuánliàng 양해하다, 이해하다

## 비즈니스 메일의 주의사항

메일은 간편하게 의사소통을 할 수 있는 편리함도 있지만 검토 없이 발송을 잘못 누르는 등 자칫 실수를 범하기 쉽다는 단점도 있다. 여기서는 비즈니스 메일을 보낼 때의 주의사항을 살펴본다.

- 메일은 상대를 배려하여 경어를 쓴다.
- 문장은 되도록 짧게 쓰고 불가피하게 길어질 때는 단락을 나눠준다.
- 문장을 다 쓴 후에는 오탈자를 확인한다.
- 전송 전에는 첨부 파일을 첨부했는지 반드시 확인한다.
- 급한 메일일 경우에는 문자 등으로 메일의 발송여부를 알린다.

**Quiz** 이런 경우에는 중국어로 어떻게 표현?

**Q1.** 我是在韩国贸易公司 ▨▨▨ 的洪吉童。

저는 한국 무역회사의 홍길동입니다.

**Q2.** ▨▨▨▨▨▨▨▨▨▨▨▨▨ 。您最近过得还好吗?

오랫동안 소식을 전하지 못했습니다. 어떻게 지내고 계신가요?

**Q3.** ▨▨▨▨ 贵公司的有力配合，我们一直保持稳定的增长趋势。

적극적으로 협력해 주신 덕분에 계속해서 안정적인 성장세를 유지하고 있습니다.

**Answer** ·······································································································································

Q1 工作 Q2 很久没有给您发邮件了 Q3 得益于

평소 거래처에 보내는 메일의 첫 문장 시작하기

Exercise 한중 번역 도전!

**Ex1.** 덕분에 잘 지내고 있습니다.

**Ex2.** 오랜만입니다. 별일 없으십니까?

**Ex3.** 아낌없는 성원과 지지를 보내주신 귀사에 대해 진심으로 감사드립니다.

**Answer**

**Ex1** '~덕분에, 덕택에'는 托~的福

托您的福，我们一切都好。
상대가 이미 거래 관계가 있는 거래처의 사원인 경우에는 비록 처음 보내는 메일이라도 평소에 도움을 받고 있는 것에 대한 감사 인사를 잊지 않는다.

**Ex2** 오랜만에 연락을 할 때는 好久不见了를 쓴다

好久不见了。最近您还好吗?
오랜만에 메일을 보내 연락을 못 드렸던 것을 사과하면서 안부를 묻는 문장이다.

**Ex3** 对~表示衷心的感谢를 써서 상대에게 감사의 말을 전한다

我们对贵公司给予我们的信赖与支持表示衷心的感谢。
상대가 무엇인가를 해 주었을 때 그에 대한 감사의 말로 쓰는 표현이다. '衷心' 대신에 '由衷'을 넣어 사용하기도 한다.

# 03

## 답 메일 표현 따라 하기

**Point 1** '잘 받았습니다' 답장 쓰기 패턴
**Point 2** '받은 날짜'를 언급하고 싶다면?
**Point 3** 답장이 늦었을 땐 어떡하지?

상대방의 메일에 회신할 때도 메일을 보낼 때와 마찬가지로 메일의 주제나 전제를 처음부터 말하는 것이 일반적이다. 이 과에서는 답장에 쓰이는 기본 표현을 알아본다.

---

**发件人**　gdhong@mycompany.com

**收件人**　chunling@yourcompany.com

**标题**　契约信函

---

李主任:
　您好!
　我是韩国贸易公司营业部的洪吉童。您发的邮件已经收到。
　考虑后我会尽快回复您。谢谢!


韩国贸易公司 营业部 洪吉童
TEL：82-2-337-3053
FAX：82-2-337-3054

●●● 계약 건

　한국 무역회사 영업부의 홍길동입니다. 보내주신 메일 잘 받았습니다.
　검토 후 연락드리겠습니다. 감사합니다.

---

**Point** **1** '잘 받았습니다' 답장 쓰기 패턴

 '메일을 받았습니다'는 我已收到您的邮件 또는 您的邮件已收到

商务邮件范文 **1**

您的邮件已收到。谢谢!
보내주신 메일 잘 받았습니다. 감사합니다.

 가까운 사이에 메일을 주고받을 때 쓰는 표현이다. '我已收到您的邮件。'이나 '您的邮件已收到。'(메일을 받았습니다)라고 쓴 후엔 '谢谢。'(감사합니다.)를 써서 감사의 뜻을 표하는 것이 좋다.

商务邮件范文 **2**

谢谢您的回复。
답장 감사드립니다.

 답장에 관한 인사말이라면 '谢谢您的回复。'(답장 감사드립니다.) 혹은 '非常感谢您的快速回复。'(빠른 답장 감사드립니다.)로, 문의를 받은 경우라면 '谢谢您的询问。'(문의 감사드립니다.)이라고 한다. '谢谢您的关注, 希望尽快能收到您的回复。'는 '관심을 가져주셔서 감사드리며 답장을 기다리겠습니다.'라는 뜻이다.

商务邮件范文 **3**

我已收到贵方6月20日关于开发日程的电子邮件。谢谢。
6월 20일자의 개발 스케줄에 관한 메일을 받았습니다. 감사합니다.

 구체적으로 어떠한 내용의 메일을 수신했음을 알리는 표현이다. '关于~的邮件'은 '~에 대한, ~에 관한 메일'이라는 뜻으로 '我已经收到关于住房信息的邮件。'(부동산 정보에 대한 메일 잘 받았습니다.), '我收到您传来的关于今天会议的电子邮件。'(보내주신 오늘 회의에 관한 메일 잘 받았습니다.)처럼 받은 메일에 대해서 확실하게 언급해주는 것이 좋다.

**Words** ·······························································································

• 收到邮件 shōudào yóujiàn 메일을 받다 • 回复 huífù 답장하다, 회신하다 • 感谢 gǎnxiè 고맙다, 감사하다
• 询问 xúnwèn 알아보다, 문의하다 • 关注 guānzhù 주시하다, 관심 • 尽快 jìnkuài 되도록 빨리 • 关于 guānyú ~에 관한, ~에 관해서
• 开发日程 kāifā rìchéng 개발 스케줄 • 住房信息 zhùfáng xìnxī 부동산 정보 • 传来 chuánlái (소리, 소식)들려오다
• 会议 huìyì 회의

# Point 2 '받은 날짜'를 언급하고 싶다면?

 '답장'은 回复를 쓴다

商务邮件范文 **1**

我已收到上次您寄给我的邮件。但很抱歉我那天有事，不能参加。

저번에 주신 메일 잘 받았습니다. 죄송스럽지만 그 날은 사정이 있어서 참가할 수가 없습니다.

 상대방으로부터 받은 메일을 언급하면서 메일의 답장을 보내는 표현으로 가장 일반적인 표현이다. '很抱歉~'은 '죄송합니다, 미안해하다'라는 뜻으로 뒤에는 그에 해당하는 이유가 나온다.

商务邮件范文 **2**

我已收到您的询问邮件，但我们正在测试程序。请您再耐心地等待2~3天。

문의하신 메일을 받았습니다. 현재 프로그램을 체크하는 중이므로 답장은 2, 3일 기다려 주십시오.

 메일에 대한 답장을 바로 보낼 수 없을 때 쓰는 표현이다. '考虑邮件内容'(메일 내용을 검토하고)이라는 이유를 사용하기도 한다. 뒤에는 답장 가능한 메일의 날짜를 표시한 다음 메일의 용건을 언급한다.

商务邮件范文 **3**

您6月20日的来信已收到。非常高兴能够回复您。

6월 20일자로 주신 메일 잘 받았습니다. 답변해 드릴 수 있어서 매우 기쁩니다.

 메일에 관한 답장을 할 때 무난하게 자주 사용하는 표현이다. 메일을 받은 '답장'에는 통상적으로 '回复'를 쓴다.

---

**Words**
- 回复 huífù 답장하다, 회신하다 • 寄给~邮件 jìgěi yóujiàn ~에게 메일을 보내다 • 抱歉 bàoqiàn 미안해하다, 죄송합니다
- 参加 cānjiā 참가하다 • 测试程序 cèshì chéngxù 프로그램을 체크하다, 프로그램을 테스트하다 • 耐心 nàixīn 참을성이 있다
- 等待 děngdài 기다리다 • 尽快 jìnkuài 되도록 빨리 • 考虑 kǎolǜ 고려하다, 생각하다

**Point 3** 답장이 늦었을 땐 어떡하지?

 답장이 늦어졌을 땐 **정중하게** 사과한다

商务邮件范文

**1**

对不起。我没能尽快给您答复。
바로 답장을 못해서 미안합니다.

 친한 사이에 답장이 늦어진 점에 대해 사과하는 경우에는 '我有急事，没能快速地回复。实在对不起。'(급한 일이 있어서 바로 답장을 못했습니다. 미안합니다.)라고 말하면 된다.

商务邮件范文

**2**

真对不起。因为我到外地出差，好几天不在办公室，没能快速地给您回复邮件。
며칠간 출장을 다녀온 관계로 사무실을 비워서 바로 답장을 못한 점 사과드립니다.

 답장이 늦은 경우에는 처음에 사과로 시작하는 것이 매너다. 이유를 말할 때는 '~해서'라는 뜻의 '因为' 외에도 '由于'를 써서 표현할 수 있다. 만약 회의 중이었을 때는 '因为有会议~'(회의 중이어서)를, 바빴을 때는 '因为太忙~'(바빠서)이라고 하고 뒤에 답장을 못한 것에 대해 사과를 하면 된다.

商务邮件范文

**3**

好久才收到您的联系，但非常抱歉现在确认邮件，没能快速地回复您。敬请原谅。
모처럼 메일을 주셨는데 지금에서야 확인을 해서 답장이 늦었습니다. 죄송합니다.

 메일이 온 사실을 모르고 있다가 답장이 늦어졌을 때 쓸 수 있는 표현이다. 뒤에는 역시 답장이 늦은 것에 대한 사과 내용이 오는 것이 좋다.

---

**Words**
- 答复 dáfù 회답하다, 답변하다 • 急事 jíshì 급한 일 • 实在 shízài 확실히, 참으로 • 外地 wàidì 외지, 타 지방
- 出差 chūchāi 출장 가다 • 办公室 bàngōngshì 사무실 • 联系 liánxì 연락하다 • 确认 quèrèn 확인하다
- 敬请 jìngqǐng 공경히 청하다, 부탁하다 • 原谅 yuánliàng 이해하다, 양해하다

## 메일에 대한 설명을 덧붙이는 표현

상대로부터 받은 메일을 언급하면서 답장을 하는 방법이 있는가 하면 때로는 그와 반대로 이쪽에서 보낸 메일에 대해 언급하면서 서두를 쓸 경우도 있을 것이다.

- 对于刚才寄给您的采访申请邮件，因有追加内容又发送了邮件。
  방금 전에 보낸 취재의뢰 건 관련인데요, 추가 내용이 있어서 메일을 보냅니다.
- 对于刚给您发的邮件，因日程变更而再次通知您。
  방금 전에 보낸 메일 건 관련인데요, 일정이 변경되어서 알려드립니다.

### Words
- 刚才 gāngcái 지금, 방금 • 采访 cǎifǎng 취재하다 • 申请 shēnqǐng 신청하다 • 追加内容 zhuījiā nèiróng 추가 내용
- 日程 rìchéng 일정, 스케줄 • 变更 biàngēng 변경하다 • 通知 tōngzhī 통지하다, 알리다

## Quiz 이런 경우에는 중국어로 어떻게 표현?

**Q1.** ⬜⬜⬜⬜⬜⬜⬜⬜⬜⬜。谢谢!

메일 잘 받았습니다. 감사합니다.

**Q2.** ⬜⬜⬜⬜⬜⬜⬜ 已收到，但 ⬜⬜⬜⬜⬜，不能参加。

저번에 주신 메일 말입니다만, 그 날은 사정이 있어서 출석할 수가 없을 것 같습니다.

**Q3.** 真对不起。因为我到 ⬜⬜⬜⬜⬜，好几天不在办公室了，没能快速地 ⬜⬜⬜ 邮件。

며칠간 출장을 다녀온 관계로 사무실을 비워서 바로 답장을 못한 점 사과드립니다.

Exercise 한중 번역 도전!

**Ex1.** 1월 31일(월)자 메일 잘 받았습니다.

**Ex2.** 7월 20일자 메일에 대한 연락입니다. 답장이 늦어진 점 사과드립니다.

**Ex3.** 모처럼 초대해 주셨는데 일이 있어 참가할 수 없을 것 같습니다. 죄송합니다.

**Answer**

**Ex1** 메일을 받았음을 알릴 때는 收到邮件을 쓴다

已收到1月31日(星期一)您发送的电子邮件。
메일을 받은 날짜를 언급하면서 전달하는 확실한 문구이다. '확실히' 받았다고 말하고 싶을 때는 '确实'를 넣어 '我确实收到了1月31日(星期一)您寄给我的邮件。'이라고 한다.

**Ex2** 답장이 늦어진 점을 사과하는 문구

关于您7月20日的来信，我已经给您回复了。很抱歉没能快速地回复您。
이전에 받은 메일에 대한 답장을 할 경우 그 메일의 내용을 간략하게 요약해서 '对于您发给我的关于~的邮件，已经给您回复了。'(보내주신 ~에 대한 메일에 대해서 답변을 드리겠습니다.)로 설명할 수 있다. 연락이 늦은 것에 대한 사과는 '真的不好意思。我没能及时给您回复。'(죄송합니다. 제때에 답변을 드리지 못했습니다.)로도 바꿔 말할 수 있다.

**Ex3** 초대에 응할 수 없어서 사과할 때는 不好意思 혹은 真对不起를 쓴다

您这么特意邀请我，我还有事不能参加。真对不起。
'모처럼, 특별히'는 '特意' 외에도 '专门', '特地' 등을 사용하여 표현할 수 있다.

광고성 메일과는 차별성 있게 회사를 어필하거나 자사의 상품을 설명하기는 쉽지 않다. 이 과에서는 상대방에게 최대한 진심이 느껴지는 어필 방법을 알아보자.

---

发件人  gdhong@mycompany.com

收件人  chunling@yourcompany.com

标题  公司简历

---

李主任：
　您好！
　非常冒昧地给您发这封邮件。我在网站上得知贵公司的邮件地址，给您发送的邮件。
　我们是韩国最大的电子产品公司之一。


韩国贸易公司 营业部 洪吉童
TEL：82-2-337-3053
FAX：82-2-337-3054


●●● 회사의 프로필

갑작스러운 메일로 실례가 많습니다. 홈페이지를 보고 연락드립니다.
저희 회사는 한국 최대의 전자제품 회사 중 하나입니다.

 **Point 1  회사를 어필하기 위한 표현**

 회사를 어필할 때는 ~领域的龙头企业 또는 行业的龙头企业

商务邮件范文 **1**

我们是电子产品领域的龙头企业。

저희 회사는 전자제품 분야의 선두기업입니다.

 회사의 강점을 어필할 때 쓰는 표현이다. '我们是○○行业的龙头企业.'(우리는 ○○업계의 선두기업입니다.), '我公司在○○拥有○○年的经验.'(우리 회사는 ○○에 ○○년의 경험을 가지고 있습니다.) 또는 '我们专门从事○○业务.'(저희는 ○○업무에 전문적으로 종사하고 있습니다.)와 같이 응용할 수 있다.

商务邮件范文 **2**

我们公司对电脑有着深层次的理解，所以我相信会给下一代电脑的开发带来很大帮助。

저희 회사는 컴퓨터에 관해서는 잘 알고 있으므로, 차세대 컴퓨터 개발에 꼭 도움이 될 것이라고 생각합니다.

 자기 회사의 장점을 부각하면서 어필하는 표현이다. '~에 관해서 잘 알고 있다'는 '对~有着深层次的理解'로 표현한다. 앞부분을 약간 바꿔서 '我们公司严格地进行经营管理，若进行并购一定会给您带来很大的帮助.'(우리 회사는 경영관리는 철저하게 하므로, 합병해도 꼭 도움이 될 것입니다.)와 같이 응용할 수도 있다.

商务邮件范文 **3**

为了询问您是否有意引进我公司的电脑系统，特此给您发了这封邮件。

우리 회사의 컴퓨터 시스템을 도입해 주시면 어떨까 해서 특별히 연락드리는 바입니다.

 '为了~，特此给您发了这封邮件'은 '~를 위해 특별히 연락드리는 바입니다'로, 회사를 간접적으로 홍보하는 표현이다.

**Words**
- 电子产品 diànzǐ chǎnpǐn 전자제품 • 领域 lǐngyù 영역, 분야 • 行业 hángyè 업계 • 龙头企业 lóngtóu qǐyè 선두기업
- 拥有经验 yōngyǒu jīngyàn 경험을 가지고 있다 • 专门 zhuānmén 전문적으로, 특별히 • 从事业务 cóngshì yèwù 업무에 종사하다
- 对~有着深层次的理解 duì ~ yǒuzhe shēncéngcìde lǐjiě ~에 대해 깊이 이해하고 있다
- 下一代电脑 xiàyídài diànnǎo 차세대 컴퓨터 • 给~带来很大帮助 gěi ~ dàilái hěndà bāngzhù ~에게 큰 도움을 가져다주다
- 经营管理 jīngyíng guǎnlǐ 경영관리 • 并购 bìnggòu 인수 합병하다 • 引进 yǐnjìn 도입하다
- 电脑系统 diànnǎo xìtǒng 컴퓨터 시스템 • 特此 tècǐ 특별히, 각별히

상품이나 서비스의 장점은 大力推荐~으로 호소

商务邮件范文

**①**

我们公司生产的笔记本电脑具有轻薄、方便携带的优势。因此我大力推荐经常出差的上班族多使用该产品。

우리 회사의 노트북은 경량으로 휴대하기 편리하므로 출장이 많은 직장인들에게 자신 있게 추천합니다.

 '具有~优势'는 상품이나 서비스가 가지고 있는 이점을 설명한다. 앞에 좋은 점을 나열한 후 '자신 있게 추천하다'라는 뜻의 '我大力推荐~', '充满自信地推荐~', '有信心地推荐~', '有把握地推荐~'으로 마무리한다.

商务邮件范文

**②**

通过生产系统的自动化，实现了成本的降低。希望您能考虑一下我公司的新产品，所以我给您发送了这封邮件。

생산 시스템을 자동화함으로써 코스트 절감을 가능하게 되었습니다. 저희 회사의 신제품을 검토해 주셨으면 해서 연락드리는 바입니다.

'通过~, 实现~'(~하는 것으로 ~를 가능하게 했습니다)으로 장점을 강조한다. '大幅度的降低产品的不合格率。'(불량품이 나올 확률을 줄이는 것)를 넣어 표현할 수도 있다.

商务邮件范文

**③**

我们一向向顾客提供优质的产品和高档的服务。

우리 회사는 항상 고객에게 뛰어난 제품과 우수한 서비스를 제공하고 있습니다.

 회사의 강점을 말하면서 어필하는 표현이다. '向顾客提供~'은 '可以提供~'(제공 가능합니다)으로 바꿔서 말할 수 있다. 또 '동시에, 또한'이라는 뜻의 '同时'를 이용해서 장점을 나열할 수도 있다. '我们以一流的产品和高质的服务向顾客提供最优的价值。'(우리는 최고의 상품과 서비스로 고객에게 가치를 제공하고 있습니다.)처럼 '以~向~提供~'(~를 가지고 ~에게 ~를 제공한다.)이라고 말할 수도 있다.

**Words**
- 大力推荐 dàlì tuījiàn 강력하게 추천하다, 자신 있게 추천하다 • 笔记本电脑 bǐjìběn diànnǎo 노트북 컴퓨터
- 具有~优势 jùyǒu ~yōushì ~이점을 가지고 있다 • 轻薄 qīngbáo 가볍고 얇다 • 方便携带 fāngbiàn xiédài 휴대하기 편리하다
- 上班族 shàngbānzú 직장인 • 自动化 zìdònghuà 자동화 • 成本 chéngběn 원가, 코스트 • 降低 jiàngdī 내리다, 낮추다
- 优质 yōuzhì 양질의 • 高档 gāodàng 고급의 • 产品 chǎnpǐn 상품, 제품 • 服务 fúwù 서비스 • 价值 jiàzhí 가치

## In More ◀Depth▶ 한걸음 더

### 상대에게 호의를 베풀고자 할 때 쓰는 표현

상대에게 도움을 주고 싶다는 이쪽의 의향을 전달할 때는 '도움이 필요하면 연락 주세요'와 같이 상대방에게 결정권이 있다는 뉘앙스를 준다든지 '쓸데없는 참견일지도 모르겠지만'과 같은 표현을 앞에 덧붙여 말하는 것이 좋다.

- 若人手不足，就跟我联系吧。
  일손이 부족하다면 연락 주세요.
- 不知我是不是有点多管闲事，但又不能隔岸观火，所以给您发送这封邮件了。
  쓸데없는 참견일지도 모르겠지만, 아무것도 하지 않고 있을 수 없어 메일을 보냅니다.
- 不知我是不是有点管闲事，但希望能助您一臂之力，所以冒昧地给您发了这封邮件。
  쓸데없는 참견일지도 모르겠지만, 도움이 되고자 하는 마음에 이렇게 메일을 보냅니다.

#### Words
- 人手不足 rénshǒubùzú 일손이 부족하다 • 管闲事 guǎnxiánshì 쓸데없는 일에 참견하다
- 隔岸观火 géànguānhuǒ 강 건너 불 보듯 하다, 수수방관하다 • 助一臂之力 zhùyíbìzhīlì 조그마한 힘이나마 보태다
- 冒昧 màomèi 외람되다, 주제넘다

## ◀Quiz▶ 이런 경우에는 중국어로 어떻게 표현?

**Q1.** 我们是电子产品领域的 _____ 。
저희 회사는 전자제품 분야의 선두기업입니다.

**Q2.** 我们公司生产的笔记本电脑具有轻薄、方便携带的优势。我 _____ 经常出差的上班族多使用该产品。
우리 회사의 노트북은 경량으로 휴대하기 편리하므로 출장이 많은 직장인들에게 자신 있게 추천합니다.

**Q3.** 通过生产系统的自动化 实现了 _____ 的降低。
希望您能 _____ 一下我公司的新产品，所以我给您发送了这封邮件。
생산 시스템을 자동화함으로써 코스트 절감을 가능하게 되었습니다.
저희 회사의 신제품을 검토해 주셨으면 해서 연락드리는 바입니다.

#### Answer
Q1 龙头企业 Q2 大力推荐 Q3 成本, 考虑

39

**Ex1.** 우리 회사는 한국의 IT업계에 있어 선두기업입니다.

**Ex2.** 우리 회사의 보수 서비스계약을 검토해 주셨으면 해서 연락드리는 바입니다.

**Ex3.** 우리 회사는 인재가 모여 있어서 항상 최신 기술을 제공 가능합니다.

**Answer**

**Ex1** 회사를 어필할 때는 ~行业(또는 ~领域)的龙头企业를 쓴다.

我们是韩国IT行业的龙头企业。

회사를 소개하는 문장으로 在~行业(또는 领域)는 '~분야에서, ~업계에 있어서'라는 의미이다. '선두기업'(龙头企业)외에도 '우수기업'(顶尖企业, 最佳企业), '리더'(领头羊), '주력군'(主力军)이라는 표현을 사용할 수 있다.

**Ex2** 希望您能考虑一下~로 직접적인 표현을 회피

希望您能考虑一下我公司的维修服务契约, 所以给您发送了这封邮件。

'希望您能考虑一下~, 所以给您发送的这封邮件。'(~검토해 주시면 하고 연락드리는 바입니다.)이라는 표현을 쓴다.

**Ex3** 由于~, 所以~표현

由于我们公司拥有很多优秀的人才, 所以每时每刻都向顾客提供最新的技术。

'~해서 ~합니다'는 '由于~, 所以~'라고 한다. '拥有很多优秀的人才.'대신에 '吸引了很多优秀人才'라는 표현을 사용할 수 있는데 '吸引了很多优秀人才'는 '많은 인재를 끌어들이다. 많은 인재를 유치하다'라는 뜻이다.

# 초간단 메일편 Part 2

비즈니스를 하다 보면 항상 시간에 쫓기게 된다. 그렇다고 중요한 메일을 받았는데 시간이 없다는 이유로 답장을 미루면 답장을 초조하게 기다리는 상대방에게는 본의 아니게 큰 실례를 범하게 된다. Part2에서는 메일을 받고도 바로 답장을 보낼 수 없을 때, 부재중일 때, 감사인사를 전할 때, 미안한 마음을 전할 때 메일 표현을 알아본다.

# Lesson 05 촌각을 다투는 비즈니스, 간단한 수신 메일 쓰기

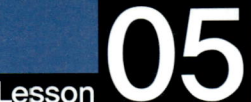

Point 1 상대방의 메일에 동의한다는 표현
Point 2 '확인했다'는 메시지 어떻게 전할까?
Point 3 제3자에게 쉽게 전달하는 표현법

메일에 대한 답변이 늦어질 것 같은 경우에는 일단 확인했다는 내용을 보내는 것이 예의이다. 시간이 없을 때에는 상대방의 메일을 읽고 바로 답변기능을 이용하여 수신했다는 간단한 메시지를 보낸다. 이 과에서는 수신한 메일에 대한 간단한 답변 표현을 알아보자.

发件人 gdhong@mycompany.com

收件人 chunling@yourcompany.com

标题 见面信函

李先生:

您好!

最近您辛苦了。我同意与聚会的相关安排事项。那天我可以参加聚会。

还请您多多关照。

韩国贸易公司 营业部 洪吉童
TEL：82-2-337-3053
FAX：82-2-337-3054

●●● 미팅 건

수고가 많으십니다. 미팅 건 잘 알겠습니다. 그 날은 괜찮습니다.
잘 부탁드립니다.

**Point 1** 상대방의 메일에 동의한다는 표현

 '잘 알겠습니다'는 我都已经看了~ 또는 我同意~ 또는 我接受您的建议

商务邮件范文

可以，我都已经看了。那天我可以参加聚会。
알겠습니다. 그 날 모임에 참석할 수 있습니다.

상대방이 제시한 날짜와 장소 등에 동의하면서 쓸 수 있는 일반적인 표현이다.

商务邮件范文

非常感谢您寄来的信息。我都已经看了下面的内容。
정보, 감사합니다. 아래 내용 잘 알겠습니다.

상대방이 제공한 정보를 수용했음을 나타내는 표현이다. '我同意下面的内容。', '我已经充分了解下面的内容。'등의 표현도 사용 가능하다. '了解'는 '자세하다, 자세하게 알아보다, 진상을 알다'라는 뜻으로 '깊이 이해하다'라는 의미를 포함한다.

商务邮件范文

我会按照您的要求来做。
요구하신 대로 하겠습니다.

我会按照您的话来做。
말씀하신 대로 하겠습니다.

我会按照您的指示来做。
지시하신 대로 따르겠습니다.

위 예문은 단순히 '동의합니다.'보다 정중한 표현이다. '按照(~에 따르다, ~에 따라, ~에 의해)'와 '根据(~에 근거하여, ~에 따라)'는 모두 전치사로 '~에 근거하여, ~에 따라'의 의미를 가지고 있지만 '根据'가 어떤 사물이나 동작의 전제나 기초를 나타내는데 비해 '按照'는 어떤 근거에 따라 그대로 실행한다는 데에 그 의미상의 중점이 있다.

**Words**
• 建议 jiànyì 제안하다, 건의하다 • 同意 tóngyì 동의하다 • 感谢 gǎnxiè 고맙게 여기다 • 内容 nèiróng 내용
• 了解 liǎojiě 이해하다 • 按照 ànzhào ~에 따라, ~에 의해 • 要求 yāoqiú 요구하다 • 指示 zhǐshì 지시하다
• 根据 gēnjù ~에 근거하여, ~에 따라

43

我一回到公司, 就会尽快回复您은 자주 사용하는 편리한 표현이다

商务邮件范文

**①**

现在我在外面。**一回到公司, 我就会尽快回复您。**

지금 밖이라서 회사에 돌아가는 대로 연락드리겠습니다.

 메일은 확인했지만 지금 회사 밖이라 회사에 돌아가는 대로 연락드리겠다고 말하는 표현이다. '现在我在外面工作。'(지금 외근 중입니다.)로 바꿔 쓸 수 있다. 만약 질문을 받은 것이라면 '对于您的提问, 我一找到答案就会回复您。'(질문 건 말입니다만, 알게 되는 대로 연락드리겠습니다.) 또는 '我确认好您的提问就会给您答复。'(질문 건 말입니다만, 확인이 끝나는 대로 연락드리겠습니다.)와 같이 구체적인 답을 할 수도 있다.

商务邮件范文

**②**

现在我有点忙, **大概两个小时后会寄邮件给您。**

지금 좀 바빠서 약 2시간 후에 메일 보내겠습니다.

 메일 확인은 했지만 지금 바로 답장을 보낼 수 없어 답장 가능한 시간을 전할 때 쓸 수 있는 표현이다. 또 다른 표현으로 '现在我有点忙不过来。'(지금 쉴새 없이 바쁩니다.), '忙得不可开交。'(한시가 바쁩다.) '现在很忙, 以后我再跟您联系。'(지금 너무 바쁘니 나중에 연락드리겠습니다.)가 있다.

商务邮件范文

**③**

现在我不能立刻回复您, 但在确认后我会尽快给您答复。

지금 당장은 답장을 못 하지만 확인되는 대로 바로 연락하겠습니다.

 메일을 받았지만 바로 답장을 보낼 수 없을 때 쓸 수 있는 표현이다.

**Words**
• 尽快 jìnkuài 되도록 빨리 • 回复 huífù 답장하다, 회신하다 • 提问 tíwèn 질문하다 • 答案 dá'àn 답안 • 确认 quèrèn 확인하다
• 忙不过来 mángbúguòlái 쉴 새 없이 바쁘다 • 不可开交 bùkěkāijiāo 눈코 뜰 새 없다

**Point 3** 제3자에게 쉽게 전달하는 표현법

 '메일이 왔습니다'는 从~那儿收到了邮件

商务邮件范文

> **从A公司那儿收到了如下的邮件。我把此邮件抄送给您，请查收附件。那封邮件好像再说您订购的产品都已经断货了。**
>
> A사로부터 아래와 같은 메일이 왔습니다. 참고로 전송합니다. 아무래도 주문하신 상품은 품절인 것 같습니다.

 제3자에게 메일을 전달할 때 쓰는 표현이다. '我把此邮件抄送给您。'이라고 쓴 후 메일 전체를 첨부할 수도 있다.

商务邮件范文

> **老板，王小朝嘱托我问候您。**
>
> 왕샤오차오 씨가 사장님께 인사 전해 달라 하셨습니다.

 제3자에게 어떤 내용을 전달할 때 쓰는 표현이다. 만약 상대방에게 메일을 보내달라고 부탁할 때는 '王小朝，你们可以给顾客发邮件吗?'(왕샤오차오 씨 쪽에서 손님에게 메일을 보내주시면 안 되겠습니까?) 라고 한다.

商务邮件范文

> **从A公司那儿收到了有关新项目的提问。虽然有点给您添麻烦了，请帮忙确认一下。**
>
> A사로부터 신프로젝트에 대한 질문이 있었습니다. 수고스럽겠지만, 확인 잘 부탁드립니다.

 단순한 메일의 전달이 아닌 혹시 다른 담당자에게 확인을 부탁하고 싶을 때 쓸 수 있는 표현이다.

---

**Words** ··································································································

• 抄送 chāosòng 사본을 보내다 • 查收 cháshōu 확인하고 받다 • 附件 fùjiàn 첨부 파일 • 好像 hǎoxiàng 마치~과 같다
• 订购 dìnggòu 구입하다, 주문하다 • 断货 duànhuò 품절되다 • 嘱托 zhǔtuō 부탁하다, 의뢰하다 • 问候 wènhòu 안부를 묻다
• 项目 xiàngmù 프로그램 • 给~添麻烦 gěi tiānmáfán ～에게 폐를 끼치다, 번거롭게 하다 • 帮忙 bāngmáng 일을 돕다

## 자신 앞으로 온 메일을 다른 사람에게 전달할 때의 표현

자신 앞으로 온 메일을 사정상 다른 사람에게 전달했을 때는 원래 메일을 보내 온 사람에게도 이와 같은 사실을 알리는 것이 좋다. 메일을 다른 사람에게 전송하기 전이나 후에는 이러한 상황을 상대방에게 알려 미리 양해를 구하도록 한다.

---

- 基于我的判断，我已抄送7月4日您寄给我的邮件。这样做可以吗？
  제 재량으로 귀하의 7월 4일자의 메일을 전송했습니다만, 괜찮으십니까?

- 我已将收到的邮件抄送给负责人。
  该负责人过几天后就会跟你您联系了。还请您多多关照。
  받은 메일을 담당자에게 이미 전송했습니다.
  그 담당자 쪽에서 며칠 후 연락이 있을 것 같으니 잘 부탁드립니다.

---

**Words**
- 基于 jīyú ~에 근거하다 •判断 pànduàn 판단하다 •抄送 chāosòng 사본을 보내다 •负责人 fùzérén 책임자
- 关照 guānzhào 돌보다, 보살피다, 협력하다

**Q1.** 可以。那天我有时间 ▨▨▨▨ 。

가능합니다. 그 날은 시간이 있어 참석 가능합니다.

**Q2.** 现在我不能 ▨▨▨▨ 您，但确认后我会尽快给您答复。

지금 당장은 답장을 못하지만, 확인되는 대로 바로 연락하겠습니다.

**Q3.** 老板，王小朝 ▨▨▨ 我问候您 。

왕샤오차오 씨가 사장님께 인사 전해 달라 하셨습니다.

**Answer**
Q1 可以参加 Q2 立刻回复 Q3 嘱托

**한중 번역 도전!**

**Ex1.** 신기획 건 말입니다만, 지금 외출 중이므로 회사에 돌아가는 대로 연락드리겠습니다.

**Ex2.** A사로부터 도착한 기획서입니다. 참고로 전송합니다.

**Ex3.** A사로부터 신프로젝트의 질문이 있었습니다. 수고스럽겠지만, 확인 잘 부탁드립니다.

**Answer**

**Ex1** 一~就会立刻~는 바로 행동에 옮기겠다는 의지를 나타낸다
对于新企划案，由于我现在在外面。一回到公司，我就会立刻回复您。
　먼저 '对于~'로 시작하여 어떤 메일에 대한 답변인지 밝히는 것이 좋다. 그 후 이유를 말하고 바로 연락을 주겠다고 말하는 것이 자연스럽다.

**Ex2** 请查收附件으로 메일의 부가 설명을 붙인다
从A公司那儿收到了企划书。我把此邮件抄送给您，请查收附件。
　메일에 어떤 것을 첨부했을 때는 '请查收附件'으로 첨부 파일에 대한 부가 설명을 붙이면 좋다.

**Ex3** 제3자에게 메일을 전달할 때는 목적을 자세히 밝힌다
从A公司那儿收到了有关新项目的提问。虽然知道给您添麻烦了，请帮忙确认一下。
　'请确认邮件'은 '이메일을 확인해 주세요'라는 뜻으로 '查收邮件', '查阅邮件'으로도 말할 수 있다.

47

**Point 1** "출장 중입니다" 패턴
**Point 2** "휴가 중입니다" 패턴
**Point 3** "휴업합니다" 패턴

출장이나 휴가 등의 이유로 부득이하게 회사를 비워야 할 때는 미리 메일을 확인할 수 없을 경우가 생길 수도 있음을 염두에 둔다. 이 과에서는 자신의 부재를 동료나 중요한 거래처 사람들에게 알리는 표현을 배워보자.

---

发件人　gdhong@mycompany.com

收件人　chunling@yourcompany.com

标题　冬季休假通知

---

李先生:
　您好!
　本公司因冬季休假，从2013年12月25日到2014年1月3日暂时停业。您如有事请拨打337-3053。希望您明年继续对我公司给予大力的支持和配合。


韩国贸易公司 营业部 洪吉童
TEL：82-2-337-3053
FAX：82-2-337-3054


●●● 동계휴가 알림

　당사는 동계휴가로 2013년 12월 25일부터 2014년 1월 3일까지 휴업합니다.
　용건이 있으신 분은 337-3053으로 연락해 주세요.
　내년도에도 계속 관심 어린 애정 잘 부탁드립니다.

## Point 1 "출장 중입니다" 패턴

 '출장 중'은 在出差, '사무실에 출근할 예정'은 将回到办公室

**1**

洪吉童部长现在在出差，将在4月2日回到办公室。您若有事情需要找部长，请在4月2日后再联系他。

홍길동 부장님은 현재 출장 중이십니다만, 4월 2일에는 사무실에 출근할 예정입니다.
부장님에게 용건이 있는 분은 4월 2일 이후에 연락해 주세요.

 출장을 알리는 대표적 표현이다. 만약 일주일 있다가 출근할 경우일 때는 '将在一个星期后回到办公室。'(일주일 후에 사무실에 출근할 예정입니다.)라고 하며, 내일 바로 출근할 경우에는 '部长现在在出差，明天将回到办公室。'(부장님은 지금 출장 중입니다만, 내일은 사무실에 출근합니다.)라고 한다.

**2**

我将从7月5日到10日去北京分部出差。出差期间您若有事请拨打337-3053，或用yesbooks@naver.com与我联系。

7월 5일부터 10일까지는 북경 지사에 출장을 갑니다. 그 사이 연락은 전화 337-3053,
메일 yesbooks@naver.com으로 부탁드립니다.

 '我将去北京分部出差'는 '由于我去北京分部出差，所以这几天不在办公室。'(북경 지사 출장을 가서 며칠 동안 자리를 비웁니다.)라고 써도 된다. 메일이 안 될 때는 '我不能收到邮件。敬请您谅解。'(메일이 안 되므로 양해해 주세요.)라고 양해를 구한다.

**3**

我将从12月2日到2014年1月10日，长期出差不在首尔办公室，所以不能接电话。若有事情找我，请给我发邮件。

12월 2일부터 2014년 1월 10일까지 저는 장기 출장으로 서울 사무실을 비우므로, 전화 연락은 되지 않습니다.
용건이 있으면 메일로 연락해 주세요.

 출장 등으로 전화 연락이 안 될 때 쓸 수 있는 표현이다. '~때문에 연락이 되지 않습니다'는 '因为~，不能接电话。'라고 쓴다. '若有事情'은 '若有急事'(급한 일)로 바꿔 쓸 수 있다.

---

**Words** ································································································································
• 出差 chūchāi 출장 가다 • 办公室 bàngōngshì 사무실 • 分部 fēnbù 지점, 지사 • 拨打 bōdǎ 전화를 걸다
• 谅解 liàngjiě 양해하다, 이해하다 • 急事 jíshì 급한 일

## Point 2 "휴가 중입니다" 패턴

 '휴가로 자리를 비운다'는 因休假不在办公室

**1**

从下星期一到星期三，我因休假不在办公室。若有事情，请以以下方式联系我。

다음 주 월요일부터 수요일까지, 저는 휴가로 자리를 비웁니다. 용건이 있으면 아래의 연락처로 연락주세요.

 개인적인 이유로 휴가를 냈을 때 쓸 수 있는 표현이다. '不在办公室' 대신 '不能坚守在工作岗位' 또는 '离开办公室'라는 표현을 사용해도 좋다.

**2**

从5月22日(星期二)到5月25日(星期五)我申请了休假。在此期间不能查邮件，敬请原谅。

5월 22일 화요일부터 5월 25일 금요일까지 휴가를 냅니다. 그 사이 메일을 읽을 수 없으므로 이해해 주시길 바랍니다.

 휴가로 연락이 닿지 않을 때 알리는 표현이다. 몸이 아파 병가를 내는 경우에는 '我需要做手术, 申请了五天的病假.'(수술을 받아야 해서 병가를 5일 냈습니다.)라고 말한다.

**3**

实在不好意思，我们将于7月22日到7月25日停业。

정말로 외람되오나 7월 22일부터 7월 25일까지 쉽니다.

 휴가로 가게 문을 닫을 때 쓸 수 있는 표현이다. 이 표현은 메일뿐 아니라 가게 앞에서 자주 볼 수 있는 말이다. '实在不好意思' 대신 '真对不起', '很抱歉'이라는 표현을 사용해도 좋다. '停业'(휴업 하다, 문을 닫다)외에 '暂时停止营业'(임시 영업 중지), '暂时修业'(임시 휴업)라는 표현이 있다.

**Words**
- 休假 xiūjià 쉬다, 휴가를 보내다 ● 坚守 jiānshǒu 떠나지 않다, 결연히 지키다 ● 离开 líkāi 떠나다 ● 申请 shēnqǐng 신청하다
- 做手术 zuòshǒushù 수술을 하다 ● 病假 bìngjià 병가 ● 实在 shízài 확실히, 정말 ● 不好意思 bùhǎoyìsi 미안합니다, 죄송합니다
- 停业 tíngyè 휴업하다 ● 停止营业 bùhǎoyìsi 영업을 중지하다 ● 暂时 zànshí 잠시, 임시 ● 修业 xiūyè 휴업하다

Point **3** "휴업합니다" 패턴

 **'휴업합니다'는 暂时停业**

商务邮件范文 **1**

本公司因冬季休假，将从2013年12月25日到2014年1月3日暂时停业。
若有事情找我，请拨打337-3053。

> 당사는 동계휴가로 2013년 12월 25일부터 2014년 1월 3일까지 휴업합니다.
> 용건이 있으시면 337-3053으로 연락해 주세요.

 거래처에 휴가를 알리는 표현이다. '휴업하다'는 '停止营业'(영업을 정지하다)를 줄여 '停业'라고 쓰는 경우가 많다. 동계휴가는 '冬季休暇' 하계휴가는 '夏季休假'라고 한다. '용건이 있으시면'은 '若有事情' 또는 '若有问题'라고 말한다.

商务邮件范文 **2**

本公司到5月底将处于停业状态，但在此期间仍可以收到邮件。所以如果您有任何问题请给我发邮件。

> 당사는 5월 말까지 쉽니다만, 그 사이 메일 쪽은 열려있습니다, 용건이 있으시면 메일로 연락해 주세요.

 휴가를 알리고 휴가 중 연락은 메일로 부탁할 때 쓰는 표현이다. 5월 말까지는 '到~底'를 써서 '到5月底'를 쓰며, '~의 사이', '~기간 동안'은 '在~期间'을 사용해 '休假期间'(휴가 동안) 등으로 표현한다.

商务邮件范文 **3**

从2月28日至3月5日因休假无法联系。如有事情，请以以下联系方式联系我。

> 2월 28일부터 3월 5일까지의 휴가로 인해 연락이 안 됩니다. 용건이 있으시면 아래의 연락처로 연락주세요.

 휴가를 알리고 임시 연락처를 알려주는 표현이다. 연락처는 '联系方式'(연락 방법)를 쓴다.

**Words** ··································································································································
- 冬季休假 dōngjì xiūjià 동계휴가 • 暂时停业 zànshí tíngyè 임시휴업 • 拨打 bōdǎ 전화를 걸다
- 处于~状态 chǔyú zhuàngtài ~한 상태에 놓여 있다

## 자신의 연락처가 바뀌었다면 바로 알린다

사무실을 이전해서 연락처가 바뀌었을 때는 '有关办公室搬迁的通知'(사무실 이전 알림)와 같은 메일 제목으로 메일을 보낸다.

---

标题 : 有关办公室搬迁的通知
股份有限公司YESBOOKS的办公室要搬迁了。
新的联系方式如下：
地址 : IcePaceBuilding 1107, Nogosan-dong,
　　　Mapo-gu, Seoul, Korea
电话 : 82-2-337-3053
Fax : 82-2-337-3054
在邮件上附上了地图，请参考。

제목 : 사무실 이전 알림
주식회사 YESBOOKS는 사무실을 이전합니다.
새로운 연락처는 아래와 같습니다.
주소 : 서울시 마포구 노고산동 아이스페이스 1107호
전화번호 : 82-2-337-3053
Fax번호 : 82-2-337-3054
참고로 지도를 첨부합니다.

---

**Words**
- 搬迁 bānqiān 이전하다 ● 通知 tōngzhī 통지하다, 알리다 ● 股份有限公司 gǔfèn yǒuxiàn gōngsī 주식회사
- 地图 dìtú 지도 ● 参考 cānkǎo 참고하다

## ◀ Quiz ▶ 이런 경우에는 중국어로 어떻게 표현?

**Q1.** 洪吉童部长现在在出差，将在4月2日回到 ▧▧▧▧ 。您若有事情需要找部长，请在4月2日后再联系他。

　　　홍길동 부장님은 현재 출장 중이십니다만, 4월 2일에는 사무실에 출근할 예정입니다. 부장님에게 용건이 있는 분은 4월 2일 이후에 연락해 주세요.

**Q2.** 从下星期一到星期三，我因休假不在办公室。我的 ▧▧▧▧ 如下:

　　　다음 주 월요일부터 수요일까지, 저는 휴가로 자리를 비웁니다. 연락처는 아래와 같습니다.

**Q3.** 本公司因冬季休假，将从2013年12月25日到2014年1月3日 ▧▧▧▧ 。若有事情找我，请拨打337-3053。

　　　당사는 동계휴가로 2013년 12월 25일부터 2014년 1월 3일까지 휴업합니다. 용건이 있으시면 337-3053으로 연락해 주세요.

**Answer**
Q1 办公室 Q2 联络方式 Q3 暂时停业

## Exercise 한중 번역 도전!

**Ex1.** 당사는 여름휴가로 인해 2013년 7월 25일부터 7월 30일까지 휴업합니다. 용건이 있는 분은 메일로 연락 주세요.

**Ex2.** 이번 주 수요일부터 토요일까지는 해외출장을 가서 자리를 비웁니다. 메일이 안 되므로 양해해 주세요. 부재 시의 연락은 회사 쪽으로 부탁드립니다.

**Ex3.** 부장님은 지금 출장 중입니다만, 내일은 출근합니다.

### Answer

**Ex1** 从~到~ 혹은 从~至로 부재기간을 알린다

本公司因夏季休假，将从2013年7月25日到7月30日停业。如果您有任何问题，请发邮件给我。
급한 용무가 있을 때는 전화로 부탁한다는 표현은 '若有急事，请给我打电话。'라고 한다. 아니면 상황에 따라 급한 일이 아니면 다시 연락해 달라고 하는 표현은 '若没有急事，可以以后再联系我。'라는 말을 덧붙일 수 있다.

**Ex2** '출장을 위해'는 为了去出差

为了去海外出差，我从这个星期三到星期六不在办公室。所以不能及时查阅邮件，敬请原谅。在此期间，若有急事请您给我公司打电话。
'부재시 동안 연락은 회사 쪽으로 부탁드립니다'는 '在出差期间，请给我公司打电话。'라고 쓴다.

**Ex3** '내일은 출근합니다'는 明天将会上班

部长现在在出差中，明天将会上班。
'现在'는 '지금, 현재'라는 뜻이고, '출장 중'은 '在出差中'이라고 한다. '출근할 예정입니다'로 말하고 싶을 때는 '一个星期后将会上班。(일주일 후에는 출근할 예정입니다.)'이라고 쓴다.

# 색깔 있는 감사의 마음 전하기

어느 정도 메일을 주고받아 친해진 사람이나 고객에게서 온 메일이라면 받은 메일의 감사 인사로 첫 문장을 시작할 수도 있다. 이 과에서는 답장에 대한 감사 인사, 고객의 문의에 대한 감사 인사, 구매에 대한 감사 인사 등 다양한 인사말로 메일을 시작하거나 마무리 하는 표현을 알아보자.

| | |
|---|---|
| 发件人 | gdhong@mycompany.com |
| 收件人 | chunling@yourcompany.com |
| 标题 | 感谢您的定单 |

李先生:

您好!

非常感谢您经常使用我公司的产品。也非常感谢您此次订购我公司的产品。交货时间将定于4月12日(星期三)。希望您日后继续对我公司给予大力的支持。

韩国贸易公司 营业部 洪吉童
TEL：82-2-337-3053
FAX：82-2-337-3054

●●● 주문에 대한 감사 인사

항상 저희 회사 제품을 이용해 주셔서 진심으로 감사드립니다. 이번에 저희 회사 상품을 주문해 주셔서 대단히 감사합니다. 납기일시는 4월12일(수요일)로 예정하고 있습니다. 이후에도 관심 어린 애정 부탁드립니다.

**Point 1** 감사의 표현으로 첫 문장 시작하기

 답장에 대한 감사 인사는 非常感谢~로 한다

**1**

非常感谢您的回复。
답장을 해 주셔서 감사드립니다.

답장에 대한 감사의 마음을 전하는 기본적 표현이다. '非常感谢~' 대신 '向~表示衷心的感谢。', '向~表示由衷的感谢。'(~에 대해서 진심으로 감사드립니다.)를 사용할 수 있다. 이 밖에 '非常感谢你在百忙之中回复我。', '非常感谢你在百忙之中寄信回复我。'(바쁘신 중에 답장을 주셔서 감사합니다.) 등 다양한 표현이 있다.

**2**

谢谢您的提问。我会尽快解决这个，还请您稍等一下。
문의해 주셔서 감사드립니다. 바로 대응하겠으니 잠시만 기다려 주세요.

고객으로부터 문의를 받고 그에 대한 감사 인사로 메일을 시작하는 문장이다. 뒤에는 '若过几天您还没收到邮件，那请您按下面的邮件地址再给我发邮件。'(만약 며칠이 지났는데도 메일을 받지 못했을 경우에는 아래 연락처로 다시 메일을 보내 주시길 바랍니다.)으로 문장을 마친다.

**3**

感谢您在今天百忙之中抽出时间向我们提问。
오늘 바쁘신 중에 시간을 내 문의해주셔서 감사드립니다.

'바쁘신데 시간을 내 문의해 주셔서 감사드립니다'로 시작한 후 용건을 쓴다.

---

**Words**
- 回复 huífù 회신하다, 답장하다 • 衷心 zhōngxīn 진심으로, 충심으로 • 由衷 yóuzhōng 진심으로, 마음속에서 우러나오는
- 在百忙之中 zài bǎimáng zhīzhōng 바쁜 와중에 • 抽出时间 chōuchū shíjiān 시간을 내다 • 提问 tíwèn 질문하다

**Point 2** 마무리에 감사를 전하고 싶다면?

 '~에 협력해 주셔서 감사합니다'는 非常感谢您对~给予的配合 또는
非常感谢您对~进行合作라고 한다

商务邮件范文 ❶

非常感谢您对信息收集给予的配合。

정보 수집에 협력해 주셔서 대단히 감사합니다.

 맺음말 문구로 자주 사용되는 표현이다. '非常感谢您对信息收集给予的配合。'대신에 '您对信息
的收集给予了莫大的配合，我要向您表示衷心的感谢。'라고 바꿔 말할 수 있다.

商务邮件范文 ❷

衷心感谢您此次跟我们签署了合同。

이번에는 계약을 해 주셔서 진심으로 감사드립니다.

 상대방에게 감사의 인사말을 남기는 표현이다. 마지막에 '재차 감사드립니다'라고 감사의 뜻을 전
하고 싶을 때는 '我再次向您表示衷心的感谢。'라고 하면 된다.

商务邮件范文 ❸

非常感谢您对我公司新企划提出的建议以及给予的配合。

우리 회사의 신기획에 관한 조언과 협력을 해주신 것에 대해 깊이 감사드립니다.

 감사 인사로 정중하게 메일을 마무리 하는 표현이다.

**Words** ········································································································

• 给予 jǐyǔ 주다 • 配合 pèihé 협동하다, 호응하다 • 合作 hézuò 협력하다 • 签署合同 qiānshǔ hétong 계약을 체결하다
• 企划 qǐhuà 기획하다 • 提出 tíchū 제기하다, 제안하다 • 建议 jiànyì 제안하다, 제의, 제안

**Point ③ 감사 인사 후 여운으로 기대감을 남기는 패턴**

 '~하는 것을 기대하고 있습니다'는 希望~ 또는 期待~

商务邮件范文 **1**

我衷心希望在6月20日的聚会上跟您见面。

6월 20일 미팅에서 만나 뵐 것을 고대하고 있습니다.

 '기대한다'는 표현으로 끝맺음하는 가장 일반적인 표현이다. '기대하고 있다'에 해당하는 중국어는 '希望'와 '期待'가 있는데, '希望'는 어떤 일에 대해 즐거운 기분으로 기다리고 있다는 의미를 갖고 '期待'는 어떤 결과나 성과를 기대한다는 의미이다.

商务邮件范文 **2**

非常感谢您上次大力支持我。有时间我会尽快跟您联系。

지난번에는 여러 가지로 신세진 점 감사드립니다. 가까운 시일에 또 연락드리겠습니다.

 신세를 진 일에 관한 감사 인사를 먼저하고 가까운 시일에 또 연락드리겠다고 끝맺는 표현이다. '非常感谢上次您帮我很多忙。我会早日再次跟您联系。'라는 표현을 사용해도 좋다.

商务邮件范文  **3**

谢谢您购买我公司的产品。希望您以后再次跟我们联系。

제품 구매 감사드립니다. 다음번에도 또 연락해주시길 바랍니다.

 구매에 대한 감사 인사를 하고 다음을 기약할 때 쓰는 기본 표현이다. '希望以后您还会使用我公司的产品。'(다음에도 애용해 주시길 잘 부탁드립니다.)이라고 표현할 수도 있다.

**Words** ·····················································································································
• 希望 xīwàng 희망하다, 바라다 • 期待 qīdài 기대하다, 바라다 • 大力 dàlì 강력하게, 힘껏 • 支持 zhīchí 지지하다
• 尽快 jìnkuài 되도록 빨리 • 帮忙 bāngmáng 도움을 주다 • 早日 zǎorì 신속히, 빨리 • 购买 gòumǎi 사다, 구매하다

## 감사를 나타내는 인사말 표현

일상생활에서도 비즈니스에서도 감사 인사말은 아주 중요하다. 평소 도움을 받은 사람이나 항상 신세를 지고 있는 사람에게 감사의 마음을 표현하여 원활한 상호관계를 유지할 수 있도록 하자.

> 谢谢您的配合。**또는** 谢谢您的合作。
> 협조해 주셔서 감사합니다.
>
> 非常感谢您给我机会。
> 기회를 주신 점 매우 감사하게 생각합니다.
>
> 谢谢您对我们给予的大力支持。
> 여러분의 성원에 깊이 감사드립니다.

**Words**
• 配合 pèihé 협동하다, 호응하다 • 合作 hézuò 협력하다 • 机会 jīhuì 기회 • 给予 jǐyǔ 주다 • 大力 dàlì 강력하게, 힘껏
• 支持 zhīchí 지지하다

**Quiz** 이런 경우에는 중국어로 어떻게 표현?

**Q1.** 非常感谢您的  。
답장을 해 주셔서 감사드립니다.

**Q2.** 非常感谢您对收集信息进行 。
정보 수집에 협력해 주셔서 대단히 감사합니다.

**Q3.** 将于6月20日聚会上跟您见面。
6월 20일 미팅에서 만나 뵐 것을 고대하고 있습니다.

**Answer**
Q1 回复 Q2 合作 Q3 希望

**Exercise** 한중 번역 도전!

Ex1. 신제품의 납기 메일에 대해 답장해 주셔서 감사드립니다.

Ex2. 앙케트 조사에 협력해 주셔서 정말 고맙게 생각합니다.

Ex3. 귀사와 다시 일할 수 있게 되기를 기대합니다.

**Answer**

**Ex1** '~에 대한 답장을 주셔서 감사드립니다'는 非常感谢关于~的回复

非常感谢您关于新产品交货时间的回复。
　빠른 답장을 해준 것에 대한 고마움을 나타낼 때는 '快速'를 넣어 '非常感谢您的快速回复。'라고 한다.

**Ex2** '앙케트 조사에 참여하다'는 参与问卷调查를 쓴다

非常感谢您参与我们的问卷调查。
'非常感谢您参与我们的问卷调查。' 대신에 '十分感谢您抽出时间填写这份问卷调查。' (시간을 내어 본 앙케트 조사
에 참여해주신 것에 대해 감사드립니다.)라는 표현을 사용할 수 있다.
상대방의 협력에 감사드린다고 할 때는 '非常感谢您对~给予的配合。' (~에 협력해 주셔서 정말 고맙습니다.)를 써서 표
현한다. 뒤에는 '매우 도움이 되었습니다'라는 뜻의 '这给我们带来了很大的帮助。'라는 말을 덧붙여 고마움을 전
한다.

**Ex3** '기대합니다'는 希望을 쓴다

希望以后还有机会再跟贵公司合作。
'希望贵公司能给我们一次合作的机会。'라는 표현을 사용하기도 한다.

Ⓟⓞⓘⓝⓣ **1** 재치 있게 사과하고 싶다면?
Ⓟⓞⓘⓝⓣ **2** 마지막에 다시 사과해야 한다면?
Ⓟⓞⓘⓝⓣ **3** 한참 만에 연락할 때 쓰는 테크닉

사과할 때는 가벼운 전화보다는 정제된 문장의 메일이 효과적일 수 있다. 이 과에서는 과실이 있었거나 대응이 늦은 데 대한 용서를 구할 때, 오랜만에 보내는 메일이라 죄송하다는 마음을 전할 때 사용하는 사과 표현을 알아보자.

---

**发件人**  gdhong@mycompany.com

**收件人**  chunling@yourcompany.com

**标题**  交货延期事宜

---

李先生:
　您好!
　我想对此次交货的延迟道歉。由于上个月订单过多，我们没有可能及时完成所有的订单。
　相信这给您造成了很大的不便，再次给您致以诚挚的道歉。非常感谢您的谅解。


韩国贸易公司 营业部 洪吉童
TEL：82-2-337-3053
FAX：82-2-337-3054


●●● 납기 지연 사과

　납기가 지연되어 정말 죄송합니다. 지난 달 주문량이 많아 모든 주문을 제대로 소화하지 못하고 있습니다.
　불편을 드린 점에 대해 다시 한 번 진심으로 사과드립니다. 양해 부탁드립니다.

---

## Point 1 재치 있게 사과하고 싶다면?

 비즈니스 메일에서 사과할 때는 对于~，我感到非常抱歉을 쓴다

商务邮件范文 **1**

**对于延迟交货，我感到非常抱歉。**
납기가 늦어져서 진심으로 죄송합니다.

 사과할 때 쓰는 일반적인 표현은 '对不起'다. 비즈니스 메일에서는 '对不起' 대신에 '非常抱歉'을 쓴다. '对于出货过程中的疏忽，我们向您诚挚地道歉。'(배송 중 부주의에 대해 진심으로 사과드립니다.) 과 같이 응용할 수 있다.

商务邮件范文 **2**

**对于延迟开发项目，我们向您诚挚地道歉。**
프로그램 개발이 늦어진데 대해 진심으로 사과드립니다.

 '对于~向~诚挚地道歉。'(~대해 ~에게 진심으로 사과드립니다.)은 자신의 과실에 대한 용서를 구할 때 쓴다.

商务邮件范文 **3**

**我们保证不会再发生延迟失误。**
다시는 이렇게 지연되는 일이 없도록 하겠습니다.

 거래처나 손님에게 사과할 때 쓰는 표현이다. '保证', '保障'은 '보장하다, 담보하다'라는 뜻으로 '保证质量'(품질 보장), '保证时间'(시간 보장) 등과 같이 사용할 수 있다.

### Words
- 延迟 yánchí 연기하다, 늦추다 • 交货 jiāohuò 납품하다 • 抱歉 bàoqiàn 미안해하다, 죄송합니다
- 出货 chūhuò 출고하다, 물건을 배달하다 • 疏忽 shūhu 소홀히 하다, 실수 • 诚挚 chéngzhì 성실하고 진실하다
- 保证 bǎozhèng 보증하다 • 失误 shīwù 실수, 실수를 하다 • 保障 bǎozhàng 보장하다, 확보하다

## Point 2 마지막에 다시 사과해야 한다면?

 '아무래도~하지 못할 것 같다'는 好像不~로 표현한다

商务邮件范文
**1**

由于情况不允许，所以那天我好像不能参加了。

상황이 되지 않아서 그 날은 아무래도 참가할 수 없을 것 같습니다.

 '再也~'(아무리 ~해도)또는 '怎么~也'를 써서 '就以前您请求的文件而言，怎么找也找不到了.'(이전에 부탁하신 서류 건입니다만, 아무리 찾아도 찾을 수가 없었습니다.)와 같이 상황을 설명하면서 거절하는 방법도 있다.

商务邮件范文
**2**

很抱歉我们这次好像不能及时交货了。真对不起。

아무래도 제때에 납기를 하지 못할 것 같습니다. 죄송합니다.

 '交货'는 '납품, 납기'라는 뜻으로 '不能及时交货'(제때에 납기를 하지 못하다)라는 표현 외에 '延迟交货'(납품을 지연하다), '脱期交货'(납품 기한을 어기다) 등으로 사용된다.

商务邮件范文
**3**

就此次企划案而言，我们好像不能满足您的要求，真对不起。

이번 기획 건 말입니다만, 기대에 미치지 못할 것 같아 대단히 죄송합니다.

 '满足要求'는 '기대나 목적에 부합하다'라는 뜻으로 이 외에 '达到~的期望值'(~의 기대치를 만족시키다.) 라는 표현을 사용할 수 있다. 따라서 '不能满足~的期待', '不能满足~的要求'는 상대의 '기대나 목적에 부합하지 못하다'라는 의미를 나타낸다.

---

**Words** ································································································································

- 情况 qíngkuàng 상황 • 允许 yǔnxǔ 허락하다 • 好像 hǎoxiàng 마치~과 같다 • 参加 cānjiā 참가하다
- 请求 qǐngqiú 요청하다, 요구하다 • 及时 jíshí 즉시, 제때에 • 交货 jiāohuò 납품하다 • 企划 qǐhuà 기획하다
- 满足 mǎnzú 만족하다, 만족시키다 • 要求 yāoqiú 요구하다 • 期望值 qīwàngzhí 기대치

## Point 3 — 한참 만에 연락할 때 쓰는 테크닉

 '한동안 연락 못 드렸습니다'는 好久没跟您联系了를 쓴다

**1**

好久没跟您联系了，最近您还好吗?

한동안 연락을 못 드렸는데 별일 없으시죠?

 요즘 근황을 묻고 싶을 때 일반적으로 사용하는 표현이다.

**2**

最后给您发邮件，已经是两年前的事了吧?

마지막으로 메일을 보낸 것이 벌써 2년 전이지요?

 구체적으로 연락을 하지 못한 기간을 언급하면서 의문형으로 시작하는 표현이다. 또 다른 말로는 '很抱歉过去两年没有跟您联系。(2년 동안 연락을 드리지 못해서 죄송합니다.)와 같이 표현할 수도 있다.

**3**

我们最后一次在上海见面，已经过了两三年了吧。

상하이에서 마지막으로 뵙고 나서, 벌써 2, 3년이 되었네요.

 마지막으로 봤던 때를 언급하면서 친근하게 시작하는 표현이다. 위 표현은 '最后一次跟您见面，已过了两三年了。'(만나 뵌지 벌써 2, 3년이 되었네요.)와 같이 쓸 수도 있다.

---

**Words** ·······························································································································
- 好久 hǎojiǔ (시간이)오래다 • 抱歉 bàoqiàn 미안해하다 • 上海 shànghǎi 상하이, 상해 • 见面 jiànmiàn 만나다
- 最后 zuìhòu 최후의

## In More Depth 한걸음 더

### 자신의 과실을 인정하고 처리 절차를 알릴 때의 표현

항상 좋은 일로 메일을 보낼 수만은 없다. 자신의 과실을 사과하고 '~하는 대로, ~하면 바로'라는 뜻의 '马上'또는 '一~就'를 써서 바로 처리하겠다는 메일표현을 배운다.

---

- 很抱歉我发送文件有点晚了。在了解原因后，我会马上寄给您邮件。
  파일의 전송이 늦어져 죄송합니다. 원인을 알게 되는 대로 메일로 연락드리겠습니다.

- 我一知道详细的内容就会给您发邮件。
  상세한 내용은 알게 되는 대로 메일로 알려드리겠습니다.

- 现在我们不能给您一个明确的答复。5月2日左右我们将再次跟您联系。
  지금은 아직 명확한 대답을 드릴 수 없습니다. 5월 2일 쯤에 다시 연락드리겠습니다.

---

## Quiz 이런 경우에는 중국어로 어떻게 표현?

**Q1.** 对于  ，我感到非常 _____ 。

　　　납기가 늦어져서 진심으로 죄송합니다.

**Q2.** 由于情况不允许，所以那天我 _____ 不能参加了。

　　　아무래도 상황이 되지 않아서 그 날은 갈 수가 없을 것 같습니다.

**Q3.** _____ 没跟您联系了，你还好吗?

　　　한동안 연락을 못 드렸는데 별일 없으시죠?

---

**Answer** ·····································································································

Q1 延迟交货，抱歉 Q2 好像 Q3 好久

## Exercise 한중 번역 도전!

**Ex1.** 특별히 전시회에 초대해 주셨는데 참석할 수 없을 것 같습니다. 죄송합니다.

**Ex2.** 문제 해결의 대응이 늦어져서 대단히 죄송합니다.

**Ex3.** 이전에 일로 함께하고 나서, 벌써 2년이 되었네요. 어떻게 지내세요?

### Answer

**Ex1** 好像不~ 추측을 나타내는 표현

非常感谢您特意邀请我参加这次的展览会，但因要事，我好像不能参加，非常抱歉。
　'好像'은 '아마~인 것 같다'는 뜻으로 '好像不~'는 '아마 ~가 아닌 것 같다'라는 부정의 의미를 가지고 있다.
추측을 나타내는 또 다른 표현으로는 '可能'이 있는데 '今天他可能不来。'(오늘 그는 아마 오지 않을 것 같다) 등으
로 사용된다.

**Ex2** '대단히 죄송합니다'는 非常抱歉

我们不能及时应对和解决此次问题，非常抱歉。
　'非常抱歉'을 써서 사과의 마음을 전달한다. '麻烦'(부담, 골칫거리)이나 '不便'(불편)을 사용한 '给您添麻烦了,
非常抱歉。'(번거롭게 해서 대단히 죄송합니다.), '给您造成很大的不便，非常抱歉。'(불편을 끼쳐드린 점 사과드립니다.)
도 좋은 사과 인사에 속한다.

**Ex3** '어떻게 지내세요?'는 您还好吗? 또는 最近您过得怎么样?

以前我们一起工作，已过了两年。最近您过得怎么样?
　마지막으로 만난 때를 상기키시면서 시작하는 표현이다. 뒤에는 '有没有什么特别的事情?'(별일 없으세요?)을 붙
여도 좋다.

# 每天10分钟，
# 让您轻松成为中文商务邮件达人！

메일의 장점 중 하나가 중요한 내용이나 긴 문장을 첨부 파일로 보낼 수 있다는 점이다. Part3에서는 메일에 파일을 첨부할 때, 정보나 자료를 보낼 때, 물품을 보낼 때 등 메일의 마지막에 자주 쓰이는 패턴에 대해 알아본다.

# Part 3

## 자료첨부 및 맺음말편

**Point 1** 첨부 파일에 대한 표현 덧붙이기
**Point 2** 메일을 잘못 보냈다면 어떻게 해야 해?
**Point 3** 압축 파일에 대한 표현 패턴

첨부 파일을 보낼 때는 파일을 첨부했다는 사실과 첨부 파일에 관한 간략한 내용 설명을 덧붙이는 것이 좋다. 파일의 이름도 한눈에 알기 쉬운 짧은 문구가 좋다. 이 과에서는 첨부 파일에 관한 언급 및 파일을 첨부하지 않고 실수로 보낸 경우 등에 쓰는 표현을 알아보자.

| 发件人 | gdhong@mycompany.com |
|---|---|
| 收件人 | chunling@yourcompany.com |
| 标题 | 新产品公告 |

李主任:
　您好!
　承蒙您的照顾，我们一切都好。内附有我们最新的产品手册。
　如有疑问，请随时跟我联系。


韩国贸易公司 营业部 洪吉童
　TEL：82-2-337-3053
　FAX：82-2-337-3054



●●● 신제품 건

　　덕분에 잘 지내고 있습니다. 신제품이 나와서 참고로 파일을 첨부합니다.
　　문의사항이 있으면 언제라도 연락 주세요.

**Point 1** 첨부 파일에 대한 표현 덧붙이기

 '∼을 첨부했습니다'는 随附有∼ 또는 内附有∼

商务邮件范文 **1**

随附有一份契约书。 또는 内附有一份合同。

계약서 파일을 1부 첨부했습니다.

메일에 파일을 첨부할 때 쓴다. '∼을 첨부합니다.'는 표현은 '随附有∼' 또는 '内附有∼'라고 한다.
중국어에서 '계약서'에 해당하는 표현에는 '合同', '契约书', '合同书' 등이 있다.

商务邮件范文 **2**

随附一份关于我们公司的最新产品目录，请查收。

첨부한 것은 우리 회사의 최신판 상품 카탈로그입니다. 확인해보시기 바랍니다.

'关于' 뒤에는 첨부한 파일에 대한 설명이 나온다. '这是我们公司的最新产品目录。请您查收附
件。'(우리 회사의 최신판 상품 카탈로그입니다. 첨부 파일을 봐 주세요.)이라고 파일에 관한 언급을 뒤에 할 수
도 있다. 또는 '我们很高兴将我们最近产品的目录寄给你们。'(우리의 최신 상품 카탈로그를 보내드릴 수
있게 되어 매우 기쁘게 생각합니다.)라고 표현할 수 있다.

商务邮件范文 **3**

随附有一份许可证协议草稿，请您参考。

허가증 협의 초안을 첨부하였습니다. 참고하시기 바랍니다.

'참고하시기 바랍니다.'라는 뜻의 '请您参考。'를 사용하거나 '请您查收附件。', '请您查阅附件。'
(첨부 파일을 확인해보세요.) 등의 표현을 사용한다.

**Words**
• 随附 suífù 동봉하다, 첨부하다 • 内附 nèifù 안에 덧붙이다, 첨부하다 • 契约书 qìyuēshū 계약서 • 合同 hétong 계약서
• 目录 mùlù 목록, 차례 • 查收 cháshōu 확인하고 받다 • 附件 fùjiàn 첨부 파일 • 许可证 xǔkězhèng 허가증 • 协议 xiéyì 협의
• 草稿 cǎogǎo 초안, 원고 • 参考 cānkǎo 참조하다, 참고하다 • 查阅 cháyuè 열람하다

## Point 2 | 메일을 잘못 보냈다면 어떻게 해야 해?

 '잘못 보냈습니다'는 发错邮件了

商务邮件范文

**1**

刚才我发错邮件了。您可以将其删除吗?

좀 전에 보낸 메일은 잘못 보냈습니다. 삭제해 주시겠습니까?

메일을 잘못 보냈을 때 쓰는 표현이다. '삭제해 주시겠습니까?'라는 뜻의 '您可以将其删除吗?'는 더 정중하게 '拜托您删除该邮件。'이라고 바꿔 말할 수 있다.

商务邮件范文

**2**

我还没附上文件不小心就按发送键了。 我将立即再给你发封邮件。

파일을 첨부하지 않고 보내버렸습니다. 다시 보냅니다.

파일 첨부를 하기 전에 실수로 발송 버튼을 눌러버린 경우에 쓴다. '不小心~'은 부주의로 '~해버리다'는 뜻으로 쓴다. '不小心' 대신에 '没有注意'(조심하지 않고, 주의하지 않고)를 사용하기도 한다.

商务邮件范文

**3**

刚才发错邮件了。 请您查阅这里附上的文件。

바로 전의 메일로 보낸 파일은 잘못된 것입니다. 이 메일에 첨부한 파일을 보세요.

바로 직전 메일의 첨부 파일이 잘못된 경우에 쓴다. '직전의 메일'은 '刚才发的邮件' 혹은 '刚才我 给你发的那个邮件'으로 바꿔 쓸 수 있다.

---

**Words** ······································································································

• 删除 shānchú 삭제하다, 빼다 • 拜托 bàituō (삼가)부탁드립니다 • 不小心 bùxiǎoxīn 조심하지 않아, 잘못하여
• 按 àn (손이나 손가락으로)누르다 • 发送键 fāsòngjiàn 발송 버튼, 전송 버튼 • 注意 zhùyì 주의하다, 조심하다

**Point 3** 압축 파일에 대한 표현 패턴

 '~로 압축 파일을 푼다'는 以~解压文件

商务邮件范文

**1**

以WinZip, 可以解压附上的合同文件。

첨부한 계약서 파일은 WinZip으로 압축을 풀 수 있을 것입니다.

 '압축하다'는 '压缩'를, '압축을 풀다'는 '解压'라고 한다. 따라서 '압축된 파일을 풀다'라는 말은 '解压压缩文件'이라고 한다. 위 문장의 끝에 '请您多多关照。'(잘 부탁드립니다.)를 덧붙이면 더욱 친절한 인상을 줄 수 있다.

商务邮件范文

**2**

我们无法解压您发的压缩数据文件。请问您用的压缩工具是什么?

보내온 데이터 파일의 압축이 풀리지 않습니다. 압축 프로그램이 무엇인가요?

 상대방이 보낸 파일의 압축 프로그램을 묻는 질문이다. '압축 프로그램'은 '压缩工具' 혹은 '压缩程序', '解压软件'이라고 한다.

商务邮件范文

**3**

如果您无法解压我发送的文件, 请直接跟我联系。我将再寄信给您。

보내드린 파일이 만약 압축이 잘 풀리지 않는다면, 바로 다시 보내드릴 테니 연락 주세요.

 자신이 압축해서 보낸 파일이 열리지 않을 것을 대비하여 쓸 수 있는 표현이다.

**Words** ··········································································································
• 解压文件 jiěyā wénjiàn 압축된 파일을 풀다 • 合同 hétong 계약서 • 压缩 yāsuō 압축하다, 줄이다 • 无法 wúfǎ 할 수 없다
• 数据 shùjù 데이터 • 工具 gōngjù 수단, 방법 • 程序 chéngxù 프로그램 • 软件 ruǎnjiàn 소프트웨어

내가 메일을 잘못 보낸 경우도 있겠지만, 내 앞으로 다른 사람의 메일이 잘못 도착하는 경우도 있다. 그 메일의 내용이 단순한 인사말이라면 그냥 스쳐 지나갈 수도 있겠지만 중요한 내용으로 판단된다면 상대방에게 잘못 보낸 사실을 알려야 할 때도 있을 것이다. 이럴 경우에는 아래와 같은 표현을 쓴다.

- 您好像刚刚寄错邮件了。烦请再确认一下。
  메일이 잘못 왔습니다. 확인 부탁드립니다.
- 我想您好像发错邮件了。
  파일이 잘못 전송되었다고 생각되어서 연락드립니다.

**Words**
- 好像 hǎoxiàng 마치~과 같다 · 烦请 fánqǐng (죄송하지만)~해 주세요 · 确认 quèrèn 확인하다

**Quiz** 이런 경우에는 중국어로 어떻게 표현?

Q1. _____有一份契约书。
계약서 파일을 1부 첨부했습니다.

Q2. 刚才我发_____邮件了。您可以将其_____吗?
좀 전에 보낸 메일은 잘못 보냈습니다. 삭제해 주시겠습니까?

Q3. 以WinZip，可以_____附上的合同文件。
첨부한 계약서 파일은 WinZip으로 압축을 풀 수 있을 것입니다.

**Answer**
Q1 随附 Q2 错, 删除 Q3 解压

**Exercise** 한중 번역 도전!

Ex1. 최신판 상품 카탈로그를 첨부했습니다.

Ex2. 죄송합니다. 출석자명부를 잘못 보내고 말았습니다. 재전송합니다.

Ex3. 어제 메일로 보내드린 견적서가 만약 압축이 잘 풀리지 않으면 바로 다시 보내드릴 테니 연락 주세요.

**Answer**

**Ex1** '첨부했습니다'는 随附有~ 또는 内附有~

内附有我们最新的产品手册。
'随附一份关于我公司的最新产品手册的文件'이라고 말할 수도 있는데 '随附一份关于~'는 '~에 대한 것을 첨부했습니다'라는 뜻이다. 이는 구체적으로 어떠한 내용의 메일을 전송했음을 알리는 표현이다.

**Ex2** '잘못해서 전송하고 말았습니다'는 一不小心就按发送键了

我一不小心按发送键将与会者名册发错了。我将立即再给你发封邮件。
첨부파일을 실수로 잘못 보낸 경우에 쓸 수 있는 표현이다. '不小心' 대신에 '没有注意'(조심하지 않고, 주의하지 않고)를 사용하기도 한다.

**Ex3** '압축을 푼다'고 할 때는 解压를 쓴다

如果您无法解压昨天我发送的报价单，请直接跟我联系。我将再寄信给您。
'바로'는 '直接'나 '马上'을 써도 된다. '파일을 압축하다'는 '压缩文件'으로 표현한다.

**Point 1** 정보나 자료를 보낼 때 패턴
**Point 2** 부드럽게 거절하고 싶을 때 패턴
**Point 3** 추후에 따로 다시 보낼 때 패턴

업무상 사용하는 메일은 각종 정보나 자료에 관련된 내용이 많다. 이 과에서는 상대방으로부터 정보나 자료를 요청받았을 때, 요청을 거절하고 싶을 때, 나중에 따로 보내고 싶을 때의 표현을 알아보자.

---

发件人　gdhong@mycompany.com

收件人　chunling@yourcompany.com

标题　您所需要的资料

李主任:
　您好!
　承蒙您的照顾，我们一切都好。
　内附有昨天您所要求的价格单。请查收。

韩国贸易公司 营业部 洪吉童
 TEL：82-2-337-3053
 FAX：82-2-337-3054

●●● 요청받은 자료

덕분에 잘 지내고 있습니다.
어제 요구하신 가격표를 파일로 첨부해서 보냅니다. 참고하시기 바랍니다.

**Point 1** 정보나 자료를 보낼 때 패턴

 '요구하신~'은 您所需要的~ 또는 您所要求的~

附上有关昨天您所要求的价格单。请确认一下。
어제 요구하신 가격표를 첨부해서 보내드립니다. 확인해보시기 바랍니다.

 상대방이 요청한 어떤 것을 보낼 때는 '您所要求的~', '您所需要的~'로 표현한다. '○月○日您所要求的~'와 같이 구체적인 날짜 정보를 언급하면 더욱 확실하다.

对于您所要求的合同副本，我在此邮件中附上了相关文件。
요구하신 계약서의 복사본 말인데요, 본 메일에 첨부합니다.

 요구받은 정보를 첨부파일로 보낼 때 쓸 수 있는 표현이다. '메일을 보내다'는 '发邮件', '寄邮件'이라는 표현을 쓰고 '파일을 첨부하다'는 '附上文件', '파일을 송부하다'는 '发送附件'으로 표현한다.

对于您的产品咨询，我们立刻把有关资料寄给你们。
상품에 관한 문의 말입니다만, 즉시 자료를 보내드리겠습니다.

 '~에게 ~를 즉시 보내다'는 표현은 '将立刻把~寄给~'를 쓴다. '立刻'는 '곧, 즉각, 즉시'라는 뜻이다. 상품 발송의 경우 '立刻发货'(즉시 발송하겠습니다)를 쓴다.

**Words**
• 需要 xūyào 필요하다 • 要求 yāoqiú 요구하다 • 合同 hétong 계약서 • 副本 fùběn 복사본 • 文件 wénjiàn 파일
• 咨询 zīxún 상의하다, 문의하다 • 立刻 lìkè 즉시, 곧 • 资料 zīliào 자료 • 发货 fāhuò 출하하다, 물건을 발송하다

부드럽게 거절하고 싶을 때는 实在不好意思로 시작한다

商务邮件范文 **1**

实在不好意思。但对于您所提及的一事，我不能告诉您。

죄송합니다만, 그 건에 관해서는 알려드릴 수 없습니다.

 '不好意思，但~'(죄송합니다만, ~할 수 없습니다)은 상대방의 요구를 부드럽게 거절할 때 쓴다. '정말 죄송합니다만'이라고 말하고 싶을 때는 앞에 '真'을 넣어 '真不好意思。' 또는 '真对不起。'라고 한다.

商务邮件范文 **2**

虽然很想帮助您，但很抱歉这次我也无能为力。敬请原谅。

도움이 되어드리고 싶지만 이번에는 어렵겠습니다. 양해해 주세요.

 '帮助'는 '도움을 주다, 거들어 주다'라는 뜻으로 도와주고 싶지만 그럴 수 없다며 부드럽게 거절하는 표현이다.

商务邮件范文 **3**

我们很遗憾不能向您提供你们所要求的相关资料。

요청하신 관련 자료를 보내드릴 수 없게 된 점 유감스럽게 생각합니다.

 '遗憾'은 '유감스럽다, 섭섭하다'라는 뜻으로 상대방의 자료 요청을 거절하는 완곡한 표현이다.

**Words** ·········

• 实在 shízài 정말, 확실히 • 不好意思 bùhǎoyìsi 죄송합니다, 미안합니다 • 提及 tíjí 언급하다
• 无能为力 wúnéngwéilì 능력이 없다 • 原谅 yuánliàng 양해하다, 이해하다 • 遗憾 yíhàn 유감이다, 섭섭하다
• 提供 tígōng 제공하다

**Point 3** 추후에 따로 다시 보낼 때 패턴

 '별도로 ~를 보내다'는 另外寄送 또는 另寄

商务邮件范文 **1**

此邮件里附上该文件，明天我会另外寄送其他文件。
파일을 이 메일에 첨부하고, 내일 별도로 다시 보내겠습니다.

'별도로 ~를 보내다'는 '另外寄送~'이다. '另外'는 '별도로, 따로'라는 뜻이다. '寄送邮件'은 '发邮件', '寄邮件', '邮寄'와 같이 '이메일을 보내다'라는 표현이다. '다시 보내겠습니다'는 '我将重新寄信给您.', '나중에 보내겠습니다'는 '以后我再将寄信给您.', '오늘 중에 보내겠습니다'는 '今天内我会给您寄邮件.'이 된다.

商务邮件范文 **2**

由于时间紧迫，我先将价格单发给您，其他的文件我将再近日尽快发送给您。
지금은 급한 대로 가격표만 보내고, 나머지 서류는 가까운 시일 내에 보내겠습니다.

 '가까운 시일 내에 보내겠습니다'란 표현은 '我将再近日尽快发送给您.'을 쓴다. '先~再~' 구문은 '우선 ~하고 나서 ~하다'라는 뜻이다.

商务邮件范文 **3**

对于您的咨询，如果您汇款，我就将给您发送有关资料。
문의 건 말입니다만, 입금해 주시면 관련 자료를 바로 보내도록 하겠습니다.

 '만약~라면 ~하겠습니다'는 '如果~就~'로 가정을 나타내는 표현이다. '只有~才'(~해야만 비로소 ~하다)라는 구문을 사용해 '只有您付款, 我才能将给您发送有关资料.'라고 말할 수 있다. 먼저 상대방에게 조건을 제시한 후 그 조건이 만족되면 행동하겠다고 말할 때 쓰는 표현이다.

**Words** ····································································································

• 另外 lìngwài 별도로 • 寄送 jìsòng (물품을)우편을 통해 전해주다 • 紧迫 jǐnpò 긴박하다 • 价格单 jiàgédān 가격표
• 尽快 jìnkuài 되도록 빨리 • 咨询 zīxún 문의하다, 상의하다 • 汇款 huìkuǎn 돈을 부치다 • 付款 fùkuǎn 돈을 지불하다

## 다른 적임자를 소개할 때의 표현

상대방이 요청한 정보나 자료가 자기 선에서 해결할 수 없는 내용일 때는 적당한 적임자를 소개해 주는 것이 좋다. 여기서는 적임자를 소개할 때, 적임자 소개를 요청할 때의 표현을 알아보자.

- 对于您的咨询，我想洪吉童比我更适合做该事情，所以我已拜托他。
  질문하신 건 말입니다만, 저보다 홍길동 씨가 그 일의 적임자라고 생각해서 홍길동 씨에게 부탁해 두었습니다.

- 对于您的咨询，我想洪吉童比我更了解该事情，因此我向您推荐他。
  질문하신 건 말입니다만, 저보다 홍길동 씨가 그 일에 대해서 잘 알 것 같으니 그분을 소개하겠습니다.

- 若您知道有合适的人，能不能介绍给我?
  따로 적임자라고 생각하는 분이 계신다면 소개해 주시지 않겠습니까?

### Words
- 适合 shìhé 적합하다, 알맞다 • 拜托 bàituō 부탁드립니다 • 了解 liǎojiě 자세하게 알다, 이해하다
- 推荐 tuījiàn 추천하다 • 介绍 jièshào 추천하다, 소개하다

## Quiz 이런 경우에는 중국어로 어떻게 표현?

**Q1.** ▨▨▨ 有关昨天您所要求的价格单。
어제 요구하신 가격표를 첨부해서 보내드립니다.

**Q2.** 实在 ▨▨▨ 。但对于您所提及的一事，我不能告诉您。
죄송합니다만, 그 건에 관해서는 알려드릴 수 없습니다.

**Q3.** 此邮件里附上该文件，明天我会 ▨▨▨ 寄送其他文件。
파일을 이 메일에 첨부하고, 내일 별도로 다시 보내겠습니다.

### Answer
Q1 附上 Q2 不好意思 Q3 另外

## Exercise 한중 번역 도전!

**Ex1.** 귀하가 어제 메일로 주문하신 냉장고는 오늘 발송해드리겠습니다.

**Ex2.** 상품에 관한 문의 건 말입니다만, 금일 중으로 자료를 보내드리겠습니다.

**Ex3.** 지금은 급한 대로 수중의 자료만 보내고, 나머지 자료는 나중에 보내겠습니다.

### Answer

**Ex1** 물품을 발송할 때는 发送을 쓴다

对于您昨天发邮件订购的冰箱，我将今天发送给您。
'发邮件订购~'(메일로 주문하신~)대신 '通过邮件订购~', '以邮件订购~'라는 표현을 사용하기도 한다.

**Ex2** '~에 관한 문의 건입니다만'은 对于~的咨询 또는 对于~的提问

对于您的产品询问，我们今天内将有关资料寄给你们。
'对于~的咨询'을 써서 '~에 관한 문의 건입니다만'을 표현한다. '오늘 중으로, 금일 중으로'는 '今天内' 또는 '今日内'를 써도 된다.

**Ex3** 별도로 메일을 보낼 때 '나중에 메일을 보내겠습니다'는 日后我将给您发邮件

由于时间紧迫，我先将价格单发给您，其他的文件我将再近日尽快发送给您。
만약 '되도록 빨리 메일을 보내겠습니다'라고 말하고 싶을 때는 '我会尽快给您发邮件。'을 쓴다. 정확한 날짜를 언급할 때는 '过一个星期后我会给您发邮件。'(1주일 후 메일을 보내겠습니다.)이라고 한다.

# 물품 등을 보내고 받을 때 메일 쓰기

**Point 1** 보낼 곳을 확인할 때 패턴

**Point 2** 수신을 확인할 때 패턴

**Point 3** 보내는 목적을 확인할 때 패턴

물품 등을 발송할 때는 먼저 보낼 곳과 전화번호를 메일로 정확하게 확인하는 것이 좋다. 이미 보낼 곳을 알고 있다고 하더라도 재차 확인한다면 물품이 잘못 발송되어 생기는 수고를 덜 수 있을 것이다. 이 과에서는 물품의 송수신에 관련된 표현을 알아보자.

---

| 发件人 | gdhong@mycompany.com |
| 收件人 | chunling@yourcompany.com |
| 标题 | 订购信函 |

李主任:

您好！

非常感谢您订购本公司的产品。对于您所要求的产品，我们将在今天内发送给您。

请您告诉我收寄产品的地址和电话号码。谢谢。

韩国贸易公司 营业部 洪吉童
TEL：82-2-337-3053
FAX：82-2-337-3054

●●● 주문 건

저희 회사 제품을 주문해주셔서 대단히 감사드립니다. 요청하신 상품 말입니다만,
오늘 중으로 발송 가능합니다.
받으실 곳과 전화번호를 알려 주세요. 감사합니다.

---

## Point 1  보낼 곳을 확인할 때 패턴

 '보낼 곳 주소, 받으실 곳 주소'는
收货处的地址 또는 收寄货物的地址 또는 收寄产品的地址

商务邮件范文 **1**

对于您所要求的文件，我可以在今天内寄给您。请告诉我收寄文件的地址和电话号码。

> 부탁받은 서류입니다만, 오늘 중으로 발송 가능합니다. 받으실 곳 주소와 전화번호를 알려 주세요.

 받으실 곳, 즉 보내야 하는 곳의 주소를 확인하는 표현이다. 위 문장은 '今天内可以付给您契约金。请告诉我您的银行帐号。'(오늘 중으로 계약금 입금 가능합니다. 계좌번호를 알려 주세요.)와 같이 응용 가능한데, '契约金' 대신 '押金(보증금), 货款(상품 대금)' 등으로 바꾸면 다양한 표현을 만들 수 있다.

商务邮件范文 **2**

我们希望把我们公司的样品和价目表寄给您。所以希望您能马上告诉我收寄货物的地址。

> 우리 회사의 샘플과 가격 리스트를 보내드리고자 합니다. 받으실 곳을 가능하면 빨리 알려 주세요.

 급하게 보낼 곳을 확인하고 싶을 때 쓰는 표현이다. 약간 재촉한다는 인상을 피하고 싶을 때는 '我想跟李部长联系，如果您知道收货处的地址，请告诉我。'(이 부장님과 연락을 하고 싶은데 받으실 주소를 알고 계시다면 알려 주시겠어요?)라고 말한다.

商务邮件范文 **3**

我们应该将这些样品寄到哪儿?

> 이 샘플들을 어디로 보내면 됩니까?

 상대방의 주소를 모를 때 쓸 수 있는 표현이다. 또는 '请告诉我收寄货物的地址。'(상품을 보낼 곳을 알려 주세요.)라고 해도 된다. 만약 주소를 알고 있는 경우라면 '可以将这些产品寄到下面的地址吗?'(이 제품들을 모두 아래의 주소로 보내면 됩니까?)라고 한다.

**Words**
- 收寄 shōujì 우편물을 받거나 부치다 • 收款 shōukuǎn 대금을 받다, 돈을 받다 • 契约金 qìyuējīn 계약금
- 银行帐号 yínháng zhànghào 은행 계좌 • 押金 yājīn 보증금, 선금 • 货款 huòkuǎn 상품 대금 • 样品 yàngpǐn 샘플

## Point 2 수신을 확인할 때 패턴

 '메일 받았습니다'는 收到邮件

商务邮件范文

**1**

我已收到您发的邮件。谢谢。

메일 잘 받았습니다. 감사드립니다.

 수신을 확인하는 일반적인 표현이다. '메일을 받았습니다'는 '收到邮件'을 쓴다. 만약 받은 것이
소포라면 '收到包裹'를 쓴다.

商务邮件范文

**2**

我今天早上已经收到您寄给我的一份最新产品目录。

보내주신 신제품 리스트를 오늘 아침에 받았기에 알려드립니다.

 수신 시간을 언급하면서 알리는 표현이다.

商务邮件范文

**3**

今天我已经收到您寄给我的资料。

보내 주신 자료가 오늘 도착했습니다.

 물건이 도착했을 때 알리는 표현이다. '确实'(확실히)를 넣어 '确实收到~'(확실히 ~를 받았습니다)라
고 명확하게 알리는 것도 좋다. '确实' 대신 '的确'를 써서 '我的确已经收到您寄给我的资料。'
라고 할 수 있다.

---

**Words** ·······················································································································

• 包裹 bāoguǒ 소포 • 新产品 xīnchǎnpǐn 신제품, 신상품 • 目录 mùlù 목록, 리스트 • 资料 zīliào 자료
• 确实 quèshí 확실히, 정말로 • 的确 díquè 확실히, 분명히

## Point 3 보내는 목적을 확인할 때 패턴

 '참고 하시길 바랍니다'는 请您参考

商务邮件范文

**1**

我将公司手册寄给您，请您参考。

회사 팸플릿을 보내니 참고하시기 바랍니다.

 가볍게 보내는 목적을 알릴 때 쓰는 표현이다. '手册'는 '안내 책자, 팸플릿'을 뜻하며 '指南'은 '지침서, 입문서'를 의미한다.

商务邮件范文

**2**

随附有一份项目报告书，请您参考。

프로젝트 보고서를 첨부하였으니 참고하시기 바랍니다.

 첨부 파일을 보낼 때 쓰는 표현이다. '随附有~'는 '~를 첨부하였다'라는 뜻으로 '内附有~', '附上有~' 등의 다양한 표현 방법이 있다.

商务邮件范文

**3**

有关明天的会议，我将寄必要的报价单给您。

내일 회의를 위해 필요한 견적서를 보냅니다.

 보내는 목적을 정확하게 전달하는 표현이다. 위 문장은 '有关~, 将~' 구문을 사용해 '有关报价单的填写，我将寄数据给您。'(견적서 작성을 위해 데이터를 보냅니다.)과 같이 응용할 수 있다.

**Words**
- 手册 shǒucè 안내서, 수첩 • 参考 cānkǎo 참고하다, 참조하다 • 报价单 bàojiàdān 견적서
- 填写 tiánxiě (일정한 양식에) 기입하다, 써 넣다 • 数据 shùjù 데이터

83

## 메일 제목 달기

머일 제목은 '标题'로 대부분 '~信函', '~函', '~通知'로 간략하게 쓰며, '~'부분에는 메일의 목적을 알린다.

> - 标题 - 订单确认函 ⇒ 구매 확인 메일
> - 标题 - 地址变更通知 ⇒ 주소 변경의 통지
> - 标题 - 附件通知 ⇒ 자료 첨부의 통지

\* 주의사항
- '○○회사'에서 보낸 메일임을 명시해 받는 사람이 한 번에 쉽게 알아보고 저장하기 쉽도록 한다.
- 제목 없이 메일을 보낼 경우 자칫 무성의하게 보일 수도 있다.
- 제목은 메일의 내용과 그 중요도를 나타낼 수 있도록 적는다.
- 영어 대문자나 *. ! 등을 적당히 사용하여 받는 사람의 눈길을 사로잡는다. 중요하거나 긴급한 메일이라 하더라도 제목에 '긴급' 또는 '중요'라는 단어를 사용하는 것은 피해야 한다.
- 메일 전송 전에 충분한 검토의 시간을 가져 오탈자를 피해야 한다.

### Words
- 信函 xìnhán 편지, 서한 • 通知 tōngzhī 통지하다, 알리다, 통지 • 订单 dìngdān 주문서 • 确认 quèrèn 확인하다
- 变更 biàngēng 바꾸다, 고치다 • 附件 fùjiàn 첨부 파일, 첨부 문서

## Quiz 이런 경우에는 중국어로 어떻게 표현?

**Q1.** 对于您所要求的文件，我可以在今天内寄给您。
请告诉我 ▨▨▨▨ 文件的地址和电话号码。

　　　부탁받은 서류입니다만, 오늘 중으로 발송 가능합니다. 받으실 곳 주소와 전화번호를 알려 주세요.

**Q2.** 我已 ▨▨▨▨ 您发的邮件。谢谢。

　　　메일 잘 받았습니다. 감사드립니다.

**Q3.** ▨▨▨▨ 有一份项目报告书，请您参考。

　　　프로젝트 보고서를 첨부하였으니 참고하시기 바랍니다.

### Answer
Q1 收寄 Q2 收到 Q3 随附

# Exercise 한중 번역 도전!

**Ex1.** 문의 감사드립니다. 다음 이벤트의 자세한 팸플릿을 발송하고 싶은데 받으실 곳과 전화번호를 메일로 보내 주세요.

**Ex2.** 부탁하신 부품이 도착했습니다. 명함에 쓰인 주소로 보내면 될까요?

**Ex3.** 주문한 상품이 무사히 도착해서 알려드립니다.

## Answer

**Ex1** '메일로 알려 주세요'는 请您用邮件告诉我 또는 请您发邮件告诉我

谢谢您的提问。我们希望将关于下一个活动的详细手册寄给您。请您用邮件告诉我收寄文件的地址和电话号码。

　'알려 주세요'라고 쓸 때 '请告诉我.'라는 표현을 쓴다. '请您以邮件告诉我.'라고도 말할 수 있는데 '以~, ~'(~를 가지고~하다)라는 구문은 '收到价目表后，请以电子邮件或者传真的方式确认.'(가격 리스트를 받으신 후 이메일이나 팩스로 수신 확인해주세요.) 등 다양하게 응용할 수 있다.

**Ex2** 보내는 곳을 재차 확인하는 표현

我们已经收到您所要求的零部件。我们可以将这零部件寄往名片上的地址吗？

　'名片上的地址'(명함에 있는 주소), '网站上的地址'(홈페이지 상의 주소), '跟上次一样的地址'(지난번과 같은 주소) 등 다양한 표현이 올 수 있다.

**Ex3** 상품을 받았을 때는 '도착했다'는 사실을 알린다

我们通知您您所订购的产品已经顺利到达。

　'무사히, 성공적으로, 순조롭게'는 '成功', '顺利'를 쓰고 '도착하다'는 '到达'를 쓴다. '到达'가 '(어느 위치나 지점에)도착하다, 도달하다'라는 의미를 가진 것과 달리 '达到'는 '(목적, 수준 따위에)달성, 도달하다'라는 것을 뜻한다.

# 깔끔하게 마무리하기

메일을 마무리할 때 답장을 재촉하는 내용, 메일의 내용이 길어진 데 대한 사과 등을 언급하면서 마무리할 수 있다. 물론 우리나라처럼 중국어 메일도 '잘 부탁드립니다.'로 끝맺는 경우가 많다. 이 과에서는 이런 메일 마지막에 쓸 수 있는 인사말을 알아보자.

---

**发件人** gdhong@mycompany.com

**收件人** chunling@yourcompany.com

**标题** 关于液晶电视信函

李主任:

您好!

对于贵方7月4日订购的液晶电视，交货时期已过了一个星期，但我们还没收到货物。

虽然充分理解您近期非常忙，但希望您能在今天内跟我联系。

韩国贸易公司 营业部 洪吉童
TEL：82-2-337-3053
FAX：82-2-337-3054

●●● 액정텔레비전 건

7월 4일자로 발주한 액정텔레비전 건 말입니다만, 납기를 이미 1주일 넘겼는데도, 아직 상품이 납입되지 않았습니다.

바쁘신 줄 알지만, 오늘 중으로 연락주시면 합니다.

---

## Point 1 LTE급 빠른 답장 받는 법

 '답장을 기다리겠습니다'는 希望您能回复我~ 또는 等待您的答复

商务邮件范文

**1**

希望您能早日回复我在3月7日进行的咨询。

3월 7일자 문의에 대한 답장을 부탁드립니다.

 빠른 답장을 기대할 때 쓰는 표현이다. 날짜를 언급하여 어떤 건에 대한 내용인지 확실하게 전달한다. 답장을 재촉하는 내용으로 '我等待您的答复。'(답장을 기대하겠습니다.)를 쓸 수도 있다.

商务邮件范文

**2**

对于新产品的开发，烦请立刻给我答复。

신상품 개발 건 말입니다만, 그에 대해 즉시 메일로 알려 주세요.

 빠른 답장을 재촉할 때 쓰는 표현이다. 또는 '烦请马上回复我。'(즉시 답변해 주시길 바랍니다.)라고 쓴다. '立刻' 대신에 '곧바로, 즉시'라는 같은 뜻을 가진 '立即', '马上' 등을 쓸 수 있다. '对于问卷调查，烦请您在收到邮件后马上回复我。'(앙케트 조사 건 말입니다만, 받는 대로 즉시 메일로 답해 주세요.)와 같이 써서 절박한 느낌을 주면서 재촉할 수도 있다.

商务邮件范文

**3**

我非常了解您近期很忙，但希望您今天跟我联系并告诉我延迟交货的原因和预定交货时间。

바쁘신 줄은 알지만 오늘 중으로 지연된 사정과 납기 예정일을 연락해 주시길 부탁드립니다.

 최대한 예의를 갖춰서 재촉하는 표현이다. '我们知道您近期非常忙。但不好意思。希望您~'(바쁘신 줄 알지만 정말 죄송합니다. ~해 주시길 바랍니다.)이라고 해도 된다.

**Words** ·········································································

• 回复 huífù 답장하다 • 等待 děngdài 기다리다 • 答复 dáfù 회답하다, 답변하다 • 咨询 zīxún 상의하다, 문의하다
• 开发 kāifā 개발하다 • 问卷调查 wènjuàn diàochá 설문조사, 앙케트 조사 • 烦请 fánqǐng 번거롭지만~해 주세요
• 延迟交货 yánchí jiāohuò 납품을 연기 하다 • 预定 yùdìng 예정하다

'**바로 ~해 주시면 고맙겠습니다**'는 希望您立刻~, 谢谢您

商务邮件范文 **1**

对于我上次委托过的项目，希望您立刻回复我。谢谢您。

지난번에 부탁한 프로젝트 건 말입니다만, 바로 메일로 보내 주시면 고맙겠습니다.

의뢰한 내용을 재확인시키면서 재촉하는 표현이다. '委托'는 '의뢰하다', '의탁하다'라는 뜻으로 '请求'(요청하다, 부탁하다)나 '要求'(요구하다, 요청하다)를 사용하기도 한다.

商务邮件范文 **2**

相信您将对此次义卖会给予大力配合，对此事先向要您表示感谢。

이번 바자회에 협력해 주시리라 믿고 미리 인사드립니다.

의뢰할 때 쓰는 표현으로 상대와 자신의 상하관계를 고려하지 않으면 강요한다는 느낌을 줄 수도 있으므로 주의해서 써야한다. 다른 표현으로는 '我确信您将对我们给予大力配合。'(협력해 주시리라고 확신하고 있습니다.) 또는 '对于您对我们给予的大力配合，我们要事先向您表示衷心的感谢。'(협력에 대해 미리 인사를 드립니다.)와 같이 표현할 수도 있다.

商务邮件范文 **3**

对于王老师的送行一事，非常感谢您对此给予了大力的配合。

다음 주 왕 선생님의 송영 건입니다만, 귀하의 호의적인 배려에 감사드립니다.

상대편의 배려에 대해 감사인사를 하면서 의뢰한 내용을 재확인하는 표현이다.

---

**Words** ••••••••••••••••••••••••••••••••••••••••••••••••••••••••••••••••••••••••••••••••••

• 委托 wěituō 의뢰하다 • 项目 xiàngmù 프로젝트 • 请求 qǐngqiú 요청하다 • 义卖会 yìmàihuì 자선 바자회 • 给予 jǐyǔ 주다
• 大力 dàlì 힘껏, 강력하게 • 配合 pèihé 협동하다 • 送行 sòngxíng 배웅하다, 바래다주다

**Point** **3** 협조를 부탁하는 표현의 한 수

 '주저하지 마시고 메일 주세요'는 请毫不犹豫地寄信给我

商务邮件范文 **1**

如果您有什么问题, 请毫不犹豫地寄信给我。

질문이 있다면 주저하지 마시고 메일 주세요.

 '주저하지 마시고 메일 주세요'는 '您随时都可以给我发邮件。'(언제라도 메일 주세요.)과 함께 자주 쓰는 표현이다. '寄信给我' 대신에 '给我打电话', '跟我联系' 등 얼마든지 응용 가능하다.

商务邮件范文 **2**

若您有任何不便, 请随时直接联系我。

불편한 점이 있다면 언제든지 저에게 연락해주세요.

 '请随时直接联系我。'는 '언제든지 저에게 연락해주세요'란 뜻으로 권유할 때 자주 쓰는 표현이다. '随时'(언제든지, 아무 때나)외에 '无论什么时候', '不管什么时候', '任何时候'(어느 때나, 언제든지)가 있다. '任何时候都可以打我手机, 我的电话是：010-○○○-○○○○'(언제든지 연락해주세요. 제 휴대전화 번호는 010-○○○-○○○○번입니다.)라는 표현을 사용하기도 한다.

商务邮件范文 **3**

我将等待您的建议、感想和询问等回复。

의견, 감상, 문의 등의 답변을 기다리겠습니다.

 '기다리겠다'는 말로 협조를 부탁하는 표현이다. '等待您的回复。', '我期待您的答复。'(답장 기다리겠습니다.) 혹은 변형해서 '我期待若您有~, 就请随时回复我。'(~가 있으면 답변해 주세요.)라고 해도 된다.

**Words** ·····················································································

• 毫不犹豫 háobùyóuyù 조금도 주저하지 않고, 서슴없이 • 任何 rènhé 어떠한 • 不便 búbiàn 불편하다, 불편
• 随时 suíshí 언제나, 아무 때나 • 直接 zhíjiē 직접 • 建议 jiànyì 제안, 건의 • 感想 gǎnxiǎng 감상, 느낌
• 询问 xúnwèn 문의하다

## 메일을 끝마칠 때 자주 쓰는 표현

메일을 끝마칠 때는 '替我向~问好。', '请代我向~问好。(~에게 안부전해주세요.)', '祝您一路顺风。' (아무쪼록 하시는 일이 모두 순조롭기를 바랍니다.) 등으로 쓴다. 평소 헤어질 때 인사말로도 자주 사용되므로 잘 익혀두자.

- 请代我向贵公司的职员问好。
  직원분들에게 안부 잘 전해 주세요.

- 还请您多多关照。
  아무쪼록 잘 부탁드립니다.

**Words**
- 问好 wènhǎo 안부를 묻다 • 一路顺风 yí lùshùnfēng 하는 일이 모두 순조롭다 • 职员 zhíyuán 직원
- 关照 guānzhào 돌보다, 보살피다

**Q1.** ▢▢▢▢ 您能早日 ▢▢▢▢ 我在3月7日进行的咨询。
3월 7일자 문의에 대한 답장을 기다리겠습니다.

**Q2.** 对于我上次 ▢▢▢▢ 过的项目，希望您立刻回复我。谢谢您。
지난번에 부탁한 프로그램 건입니다만, 바로 메일로 보내 주시면 고맙겠습니다.

**Q3.** 如果您有什么 ▢▢▢▢ ，请 ▢▢▢▢ 地寄信给我。
질문이 있다면 주저하지 마시고 메일 주세요.

**Answer**
Q1 希望，回复 Q2 委托 Q3 问题, 毫不犹豫

**한중 번역 도전!**

**Ex1.** 텔레비전 납기 건입니다만, 답장 주시기를 기다리겠습니다.

**Ex2.** 저희 회사의 개발 프로그램에 관해 다른 요구 사항이 있다면 바로 연락 주세요.

**Ex3.** 저희가 도움이 될 일이 있으면 언제라도 주저하지 마시고 메일로 연락 주세요.

---

**Answer**

**Ex1** '답장 주시기를 기다리겠습니다'는 希望您能回复我~ 또는 等待您的答复

对于交货液晶电视一事, 我将等待您的回复。

'等待您的答复。', '希望您能回复我~'라는 기본적인 표현 외에 '若贵方能尽早作答复, 我将不胜感激。'(신속한 답변 주신다면 정말 감사하겠습니다.) 또는 '恳请你们尽快回复我。'(되도록 빨리 답변해주시길 바랍니다.)라고 말할 수 있다.

**Ex2** '다른 요구 사항'은 其他要求

若您对我公司的开发项目有其他要求, 请随时直接联系我。

'要求'는 '요구하다, 요청하다, 요구'라는 뜻으로 '其他意见'(다른 의견), '新的意见'(새로운 의견) 등 다양한 표현이 올 수 있다.

**Ex3** '주저하지 마시고'는 请毫不犹豫

如果您有什么帮助我们的, 请毫不犹豫地寄信给我。

'언제라도 주저하지 마시고~해 주세요'는 '请毫不犹豫地~'로 표현한다.

# 每天10分钟,
# 让您轻松成为中文商务邮件达人!

**10분 투자로 메일의 달인 되는 법**

업무상 연락은 기본 중의 기본이다. Part4에서는 각종 소식을 알릴 때, 초대 메일 보낼 때, 방문을 요청할 때, 만날 약속을 조정할 때 등에 쓰이는 다양한 안내 표현을 알아보자.

# 안내문편　Part 4

비즈니스에서 메일은 단순히 정보를 전하는 기능 외에도 말로는 오해가 생길 수 있는 내용을 명확하게 전달하는 기능을 하기도 한다. 이 과에서는 단순한 정보에서부터 소식의 전달, 제3자에 대한 부탁 등 메시지를 전달할 때의 다양한 표현법을 알아보자.

---

发件人　gdhong@mycompany.com

收件人　chunling@yourcompany.com

标题　分店改造开业通知

李主任:
　您好!
　我是韩国贸易公司的洪吉童。我想通知您我们分店经改造升级后，在下个月即将开业。
　届时，请您多多关照。


韩国贸易公司 营业部 洪吉童
　TEL：82-2-337-3053
　FAX：82-2-337-3054


●●● 리뉴얼 오픈 건

　한국 무역회사의 홍길동입니다. 우리 지점이 다음 달 리뉴얼 오픈하게 되어
　알려드리는 바입니다.
　앞으로도 잘 부탁드립니다.

**Point 1** 소식이나 정보를 알리는 메일

 '~하게 되어 알려드립니다'는 我想通知您~

商务邮件范文
**1**

我想通知您新的分店在下个月即将开业。

다음 달 새로운 지점을 오픈하게 되어 알려드립니다.

 어떤 소식이나 정보를 알리는 일반적인 표현이다. '即将~'은 '곧~할 것이다, 머지않아~할 것이다'라는 뜻이다. 위 표현은 좋은 소식은 물론 '我想通知您洪吉童最近身体不好, 所以他将在6月17日卸任。'(홍길동 씨가 최근 몸이 좋지 않아 6월 17일을 사임하게 되었으므로 알려드립니다.)처럼 좋지 않은 정보를 전달할 수도 있다.

商务邮件范文
**2**

能够通知您我们成功引进了最新系统这个消息，我感到很高兴。

최신 시스템의 도입 완료를 알려드리게 된 점을 기쁘게 생각합니다.

 '~를 알려드리게 된 점을 기쁘게 생각합니다'는 '能够通知您~, 我感到很高兴。'으로 쓴다. '사전에 통지하다'는 '事前通知', '事先通知'라고 표현한다.

商务邮件范文
**3**

我们非常光荣地迎来公司成立50周年。

매우 영광스럽게도 저희 회사도 50주년을 맞이했습니다.

 매우 기쁜 소식을 전달할 때 쓰는 표현이다. '非常光荣地'(매우 영광스럽게도) 대신 '非常激动地'(매우 감격스럽게도)를 사용해 '我们非常激动地迎来公司五十年华诞。'이라고 말할 수 있다. 이 밖에 '我们非常激动地迎来公司成立五十年的大喜日子。'(매우 감격스럽게도 회사 창립 50주년이라는 기쁜 날을 맞이하게 되었습니다.), '我们怀着无比喜悦的心情迎来了公司成立50周年。'(더할 나위 없이 기쁜 마음으로 회사 창립 50주년을 맞이하게 되었습니다.) 등 다양한 표현방법이 있다.

---

**Words** ·········

• 卸任 xièrèn **사임하다, 사직하다** • 引进 yǐnjìn **도입하다** • 系统 xìtǒng **시스템, 체제** • 光荣地 guāngróngde **영광스럽게**
• 迎来 yínglái **맞이하다** • 激动地 jīdòngde **감격스럽게** • 华诞 huádàn **탄생일, 창립 기념일** • 怀着 huáizhe **~을 지니다**
• 喜悦 xǐyuè **기쁘다, 기쁨**

제3자에게 메시지를 전해달라고 할 때는 请您替我通知 또는
请您替我转告 또는 请您帮我通知

商务邮件范文 **1**

真不好意思。请帮我通知洪吉童先生今天我不能回公司。请您多多关照。

실례합니다. 저는 오늘 회사에 돌아갈 수 없다고 홍길동 씨에게 전해 주세요. 잘 부탁드립니다.

제3자에게 메시지를 전해 달라고 할 때는 '请帮我通知○○一声'을 쓴다. '一声'은 '한 마디'란
뜻으로 생략할 수 있다. 회사에 들르지 않고 바로 퇴근한다고 말할 때는 '我不回公司了，一会儿
将在这儿直接下班。'이라고 하며, 안부 등을 전해달라고 할 때는 '请替我向○○转达问候。', '请
替我问候○○。'(○○에게 안부 전해 주세요.)를 쓴다. 부탁이나 의뢰할 때 '真不好意思。'나 '真对不
起。' 또는 '不好意思。给您添麻烦了。'(실례합니다만, 미안합니다만)를 쓰면 정중한 느낌을 줄 수 있다.

商务邮件范文 **2**

金部长让我通知您出发时间变更一事。

출발시각의 변경을 전해달라고 김 부장님께 부탁받았기에 알려드립니다.

 제3자에게 부탁받는 내용을 전할 때는 '让我通知您~', '带我通知您~'을 쓴다.

商务邮件范文 **3**

洪吉童部长让我传个口信，希望积极筹备并召开紧急会议。

홍길동 부장에게서 온 전언인데, 긴급회의를 열도록 하랍니다.

 제3자에게 부탁받는 내용을 전할 때 쓰는 표현으로 '○○让我传个口信。'(○○가 전언을 남기다.)에
서 '口信'은 '남긴 말' 즉 '전언'을 의미한다. '筹备并召开会议'는 '회의를 기획하고 개최하다'라
는 뜻이다.

---

**Words**

• 转告 zhuǎngào 전언하다, 말을 전해주다  • 转达 zhuàndá 전하다  • 问候 wènhòu 안부를 묻다  • 变更 biàngēng 변경하다
• 传 chuán 전하다, 전파하다  • 口信 kǒuxìn 전언  • 筹备 chóubèi 기획하고 준비하다  • 召开会议 zhàokāi huìyì 회의를 열다
• 紧急 jǐnjí 긴급하다

**Point 3** 　메시지의 다양한 표현법

 '이에 대해 주의해 주세요'는 请您对此加以注意

商务邮件范文 **1**

本月交货时间变更为如下时间。请您对此加以注意。

이번 달 납품일이 아래와 같이 변경됩니다. 주의해 주세요.

 메시지를 전달하면서 주의를 환기하고자 할 때 쓰는 표현이다. '加以'는 '~를 하다, ~를 가하다'
라는 뜻으로 2음절 동사 앞에 쓰여 동사가 앞에 제시된 사물에 어떤 동작을 가하는 것을 나타낸다.
'加以管制'(통제하다), '加以推广'(보급하다) 등의 형태로 쓰인다. '请您对此加以注意。'대신 '请您注
意!'라고 간단하게 말하기도 한다.

商务邮件范文 **2**

特别折扣活动将于今日截止。希望不要错过。

특별 세일이 오늘부로 종료하므로 놓치지 마시길 바랍니다.

 메시지를 전달하면서 상대방에게 주의를 요구할 때 쓸 수 있는 표현이다. '希望不要错过。'는 '놓
치지 마시길 바랍니다'라는 뜻이다. '折扣', '减价'는 '세일, 할인'이라는 뜻으로 '바겐세일'은 '大
减价', '促销', '특혜 가격, 우대 가격'은 '优惠价'라고 한다.

商务邮件范文 **3**

我们公司将从8月13日到16日停业。敬请谅解!

8월 13일부터 16일까지는 쉽니다. 양해해 주세요.

 '敬请'은 '(어떤 일을)공경히 청하다, 부탁하다'라는 뜻이다. 휴가철이 되면 가게 앞에는 '真对不起。
因个人原因，我们将停业一个星期。敬请谅解!'(대단히 죄송하지만 개인적인 사정으로 일주일간 임시휴업을
합니다. 양해해 주세요.)와 같은 메시지가 붙어 있는 것을 볼 수 있다. 여기서 '个人原因'은 '개인적 사
정, 사적인 이유'에서 알 수 있듯이 자신의 상황에 의한 판단이라는 것을 의미한다. 또는 '小店将
于○月○日至○月○日停业休息,给大家带来的不便敬请谅解, 如有急事即可拨打电话:○○○-
○○○○。谢谢大家对本店长期以来给予的支持。'(본점은 ○월 ○일부터 ○월 ○일까지 임시휴업을 합니
다. 여러분에게 불편을 드려서 죄송합니다. 급한 용무가 있을 때는 ○○○-○○○○로 연락 주십시오. 항상 성원해주셔
서 감사합니다.)라고 말한다.

 **Words** ⋯⋯⋯⋯⋯⋯⋯⋯⋯⋯⋯⋯⋯⋯⋯⋯⋯⋯⋯⋯⋯⋯⋯⋯⋯⋯⋯⋯⋯⋯⋯⋯⋯⋯⋯⋯⋯⋯
- 加以 jiāyǐ ~를 하다, ~를 가하다 ∘ 管制 guǎnzhì 통제하다 ∘ 推广 tuīguǎng 널리 보급하다 ∘ 注意 zhùyì 주의하다
- 折扣 zhékòu 할인 ∘ 截止 jiézhǐ 마감하다 ∘ 错过 cuòguò 놓치다 ∘ 减价 jiǎnjià 가격을 인하하다 ∘ 促销 cùxiāo 판촉하다
- 优惠价 yōuhuìjià 우대 가격 ∘ 停业 tíngyè 영업을 중지하다 ∘ 谅解 liàngjiě 양해하다 ∘ 拨打电话 bōdǎ diànhuà 전화를 걸다
- 支持 zhīchí 지지하다

## 급히 부탁할 때의 표현

비즈니스를 하다보면 급히 상대방에게 부탁할 일이 생긴다. 이 경우 상대방이 명령을 받는 느낌
이 들지 않게 有要事在身(급해서 그러는데)으로 먼저 이쪽의 상황을 말하고 希望您尽快~(되도록
빨리 ~를 바랍니다)로 정중하게 부탁한다.

---

- 因有要事在身, 希望您尽快交货。
  급해서 그러는데, 되도록 빨리 납품해 주시기를 바랍니다.

- 因有要事在身, 希望您尽快与我联系。
  급해서 그러는데, 되도록 빨리 연락해 주시겠습니까?

- 我知道您现在非常忙, 但我们有要事在身。所以希望您在12月底之前填写好定单。
  바쁘신 줄은 알지만, 저희도 급해서 그러는데, 늦어도 12월 말까지는 견적서 완성을 부탁드립니다.

---

**Quiz** 이런 경우에는 중국어로 어떻게 표현?

**Q1.** 我想 _____ 您新的分店从下个月即将开业。

　　다음 달 새로운 지점을 오픈하게 되어 알려드립니다.

**Q2.** 真不好意思。请 _____ 我通知洪吉童先生今天我不能回公司。请您多多关照。

　　실례합니다. 저는 오늘 회사에 돌아갈 수 없다고 홍길동 씨에게 전해 주세요. 잘 부탁드립니다.

**Q3.** 本月交货时间变更为如下时间。请您对此加以 _____ 。

　　이번 달 납품일이 아래와 같이 변경됩니다. 주의해 주세요.

**Answer** ·······························································································
Q1 通知 Q2 帮 Q3 注意

## Exercise  한중 번역 도전!

**Ex1.** 이번 프로젝트에서 귀사와 함께 일을 할 수 있게 된 것을 기쁘게 생각합니다.

**Ex2.** 영업부의 홍길동입니다. 다음 달부터 담당자가 바뀌기에 알려드립니다.

**Ex3.** 초과 근무 수당의 계산방법이 다음 달 1일부터 아래와 같이 변경되므로 주의해 주세요.

### Answer

**Ex1** '~를 기쁘게 생각합니다'는 对~感到很高兴

能够与贵公司进行此项目合作。对此我感到很高兴。
'对~感到很高兴.'은 '~를 기쁘게 생각합니다'로 자주 쓰는 표현이다. '合作'(협력하다, 합작하다) 대신에 '配合'(협력하다, 호응하다)를 사용할 수 있다.

**Ex2** '~하게 되어 알려드립니다'는 我通知您~

我是营业部的洪吉童。从下个月我们将更换负责人。特此通知您。
담당자의 변경을 알릴 때는 '更换负责人'으로 표현한다. 혹은 '○○从下个月开始将替我担当○○业务.'(다음 달부터 저를 대신해 ○○가 ○○업무를 담당하게 되었습니다.)와 같이 표현할 수도 있다. 뒤에는 '请您多多关照.'(잘 부탁드립니다.)라는 말을 추가할 수 있다.

**Ex3** '이에 대해 주의해 주세요'는 请您对此加以注意

加班费计算法从下个月1日将按如下标准发生变更。请您对此加以注意。
'1일부로'는 '从1日开始', '从1日起'라고 하고, '이번 달부터'는 '从本月开始', '이달 내로'는 '在本月内', '이달 말까지'는 '截止本月底'라고 한다. 예를 들면 '从本月开始更换负责人。特此通知您.'(이달 말부터 담당자 바뀌게 된 점을 알려드립니다.) 또는 '这商店在本月内将倒闭关门.'(이달 내로 가게를 폐점하겠습니다.)과 같이 쓴다.

**Point 1**  "회의를 개최합니다" 통지 메일
**Point 2**  참석 여부를 알리는 확인 메일
**Point 3**  회의의 목적을 알리는 메일

회의 개최의 통지나 참석 여부를 확인하는 표현은 중요한 사안인 만큼 정확한 표현을 요구한다. 이 과에서는 회의 통지나 참석 여부의 확인, 회의 목적을 알리는 등 각종 미팅의 사전 준비에 관련된 표현을 알아본다.

---

| 发件人 | gdhong@mycompany.com |
|---|---|
| 收件人 | chunling@yourcompany.com |
| 标题 | 有关项目聚会信函 |

李主任:
　您好!
　承蒙您的照顾，我们一切都好。我们将在7月7日星期一下午4点召开有关共同开发项目的聚会。希望您一定参加本次聚会。我们都知道您很忙，但请您多多关照。


韩国贸易公司 营业部 洪吉童
TEL：82-2-337-3053
FAX：82-2-337-3054


●●● 프로젝트 미팅 건

덕분에 잘 지내고 있습니다. 7월 7일 월요일 오후 4시부터 공동개발 프로젝트 미팅을 개최하므로 귀하도 꼭 참석해 주시기 바랍니다. 바쁘실 줄 알지만 잘 부탁드립니다.

**Point 1** "회의를 개최합니다" 통지 메일

 '개최합니다'는 召开 또는 举行을 쓴다

商务邮件范文

我们将从7月7日星期一下午4点开始召开有关共同开发项目的聚会。我们诚挚地邀请您出席此次聚会。

7월 7일 월요일 오후 4시부터 공동 개발 프로젝트 미팅을 개최하므로, 귀하도 꼭 참석해 주시길 진심으로 요청합니다.

 회의나 미팅의 개최를 알릴 때 쓰는 표현이다. '개최하다'는 '召开'를 쓰거나 '举行'을 쓴다. '귀하도 ~에 참석해 주세요.'라고 요청의 의미를 담고 싶을 때는 '诚挚地邀请您出席~'라고 하면 된다.

商务邮件范文 **2**

有关新城市开发规划会议将从5月10日星期一上午10点起召开。我诚挚地希望届时您能做有关开发规划案的演示。

신도시개발 기획회의가 5월 10일 월요일 오전 10시부터 열릴 예정입니다. 그 때 개발계획안의 프레젠테이션을 해 주셨으면 합니다.

 회의 일정을 알리면서 어떤 역할을 의뢰하는 표현이다. '~을 해주시면 좋겠다'는 '诚挚地希望您能做~'로 이것은 '希望您能做~'(~해 주기를 바란다)보다 정중한 표현이다. 이 외에 '衷心希望', '热烈希望'이라고 말한다.

商务邮件范文 **3**

我们将从10月10日星期一上午10点起召开首尔工商会议。衷心期待您的参加。

10월 10일 월요일 오전 10시부터 서울 상공회의를 개최합니다. 귀하도 꼭 참석해 주세요.

 회의 소식을 알리고 참석을 재촉하는 표현이다. 从는 '에서, 으로부터'라는 뜻으로 뒤에 장소나 시간이 온다. '꼭 오세요'는 '期待您的参加.' 대신에 '我们诚挚地邀请您拨冗出席~', '热烈希望您能在百忙之中抽出时间参加~'(바쁘시겠지만 ~에 참석해 주시길 진심으로 요청합니다.)로 바꿔 쓸 수 있다.

**Words**
- 项目 xiàngmù 프로젝트, 항목 • 聚会 jùhuì 모임, 미팅 • 诚挚地 chéngzhìde 진심으로 • 邀请 yāoqǐng 초대하다, 초청하다
- 出席 chūxí 출석하다, 참석하다 • 城市 chéngshì 도시 • 开发 kāifā 개발하다 • 规划 guīhuà 기획하다, 기획
- 演示 yǎnshì 프레젠테이션 • 拨冗 bōrǒng 바쁜 중에 시간을 내다 • 在百忙之中 zài bǎimáng zhīzhōng 바쁜 중에
- 抽出时间 chōuchū shíjiān 시간을 내다

'참석 여부를 알려주세요'는 请告诉我您是否能参加 또는 请告诉我您能否参加 또는 不管您能否参加都请告诉我

商务邮件范文 **1**

下届开发会议将于8月10日召开。请您在安排好日程后，告诉我您能否参加。

다음번 개발회의는 일단 8월 10일로 예정되어 있습니다. 일정이 정해지는 대로 참석 여부를 알려주세요.

 참석 여부를 확인하는 표현이다. '定好日程', '安排好日程'(스케줄을 정하는 대로)외에 '考虑那天的日程安排'(당일 스케줄을 고려하여), '考虑时间安排'(스케줄을 고려하여) 등으로 표현한다.

商务邮件范文 **2**

下届定期会议将在下个月第一周召开。若您有急事，就提前跟我们联系吧。

다음번 정례회의는 다음 달 첫째 주로 예정되어 있습니다. 사정이 있으시면, 미리 연락 주세요.

 회의 예정일을 알리고 가능하지 않은 날을 조율할 때 쓰는 표현이다. '若您有急事，就提前跟我们联系吧.'는 회의에 참석할 수 없는 경우 미리 알려달라는 표현으로 자주 사용되므로 암기해 둬야 한다.

商务邮件范文 **3**

您是否收到了关于9月17日举行的新产品发布会的邀请函。不管您能否参加都请告诉我。

9월 17일에 열리는 신제품발표회의 초대 메일은 도착했습니까? 출석여부를 알려주세요.

 '您是否收到了~?'(~은 도착했습니까?)는 출석 여부에 관한 답변이 없을 때 쓰는 표현이다. '不管您能否参加都请告诉我.'는 참석 가능 여부에 상관없이 '출석을 할지 안 할지'를 알려달라는 의미로 쓴다.

**Words** ·····················································································

• 与否 yǔfǒu 여부 • 安排 ānpái 안배하다, 준비하다 • 日程 rìchéng 일정, 스케줄 • 考虑 kǎolǜ 고려하다
• 提前 tíqián (예정된 시간)앞당기다 • 新产品 xīnchǎnpǐn 신제품 • 发布会 fābùhuì 발표회 • 邀请函 yāoqǐnghán 초대장

## Point 3 회의의 목적을 알리는 메일

 '이번 회의 주제'은 本次会议的主题为~

商务邮件范文 **1**

本次会议的主题为今年上半年的销售现状报告和下半年的销售目标。
이번 회의의 주제는 상반기 판매 현황 보고와 하반기 판매 목표입니다.

 '本次会议的主题为~'로 회의의 주제, 목적을 알린다. '主题'는 '题目', '议题'로 바꿀 수 있다.
중국어로 '상반기', '하반기'는 '上半年', '下半年'이라고 한다. '1/4분기', '2/4분기', '3/4분기',
'4/4분기'는 각각 '第一季度', '第二季度', '第三季度', '第四季度'라 말한다.

商务邮件范文 **2**

在本次会议上我们将重点讨论提升顾客服务水平和事业并购的内容。
이번 회의에서는 고객 서비스 강화와 비즈니스 합병에 대해 중점적으로 논의할 예정입니다.

 '重点讨论~'(~를 중점적으로 논의하다.)으로 회의의 주요 목적에 대해 표현할 수도 있다. '我们将就
并购一事进行讨论.'(합병에 관한 논의를 하려고 합니다.) 또는 '我们将就并购一事进行协商.'(합병에 관
한 협상을 하려고 합니다.)으로 바꿔 쓸 수 있다. 이때 '讨论'은 '토의하다, 논의하다'라는 뜻이고, '协
商'은 '협상하다'란 뜻이다.

商务邮件范文 **3**

特此附上记载在参考栏的会议议题草案。
참고란에 기재된 회의의 의제 초안을 첨부합니다.

 첨부 파일로 의제를 알리는 표현이다. '~을 첨부합니다'는 앞서 배웠듯이 '特此附上~', '特此内
附~'라는 표현을 쓴다.

---

**Words**
- 销售 xiāoshòu 판매, 매출 • 现状 xiànzhuàng 현황, 현상 • 重点讨论 zhòngdiǎn tǎolùn 중점적으로 논의하다
- 提升 tíshēng 제고시키다, 높은 수준으로 끌어올리다 • 服务水平 fúwù shuǐpíng 서비스 수준 • 事业 shìyè 사업
- 并购 bìnggòu 인수 합병하다 • 协商 xiéshāng 협상하다 • 特此 tècǐ 특별히 • 记载 jìzǎi 기재하다 • 参考栏 cānkǎolán 참고란
- 议题草案 cǎoàn 의제 초안

103

## 直到와 到의 쓰임

비즈니스의 생명은 정확한 날짜와 시간을 엄수하는 것이다. 여기서는 날짜와 시간을 말할 때 우리 말에 없어 혼란을 주는 直到와 到에 대해 알아보자.

'直到'는 그 한계점까지 연속하는 시간을 나타내고, '到'는 한계점보다 앞의 한 시점을 나타낸다. '到~'는 '在~以前'(~이전)으로 바꿔 쓸 수 있다. '在~以前'의 반대는 '在~以后'(~이후)다.

- 请您直到下午5点整理好文件。
  오후 5시까지 자료를 만들어 주세요.

  '오후 5시 안에는 계속 그 자료를 만들어라'는 의미로 오후 5시까지 자료를 만드는 일을 계속하는 것이다.

- 请您到下午5点提交文件。
  오후 5시까지 자료를 제출해 주세요.

  '오후 5시 안에 만들어서 완성하라'는 의미로 자료를 만드는 일이 오후 5시 이전 어느 한 시점에 끝날 수도 있다.

## Quiz 이런 경우에는 중국어로 어떻게 표현?

**Q1.** 我们将从7月7日星期一下午4点开始召开有关共同开发项目的聚会。我们诚挚地
　　　 您出席此次聚会。

7월 7일 월요일 오후 4시부터 공동 개발 프로젝트 미팅을 개최하므로, 귀하도 꼭 참석해 주시길 진심으로 요청합니다.

**Q2.** 下届开发会议将于8月10日召开。请您　　　好日程后，告诉我您能否　　　。

다음번 개발회의는 일단 8월 10일로 예정되어 있습니다. 일정이 정해지는 대로 참석 여부를 알려주세요.

**Q3.** 本次会议的　　　为今年上半年的销售现状报告和下半年的销售目标。

이번 회의 주제는 상반기 판매 현상 보고와 하반기 판매 목표입니다.

**Answer** ················································································································
Q1 邀请 Q2 安排, 参加 Q3 主题

Exercise 한중 번역 도전!

**Ex1.** 다음 주 월요일 오전 10시부터 그룹 미팅을 개최하므로 귀하도 참석해 주세요.

**Ex2.** 영업부장 회의는 9월 11일에 예정되어 있습니다. 참석 여부를 알려주세요.

**Ex3.** 다음 그룹 미팅은 10월 1일 오전 9시에 당사에서 개최합니다. 회의 의제는 내년도 판매목표입니다.

**Answer**

**Ex1** '참가해 주세요'는 诚挚地邀请您出席~ 또는 期待您的参加

我们将从下星期一上午10点起召开集体聚会。期待您的参加。

'期待您的参加.' 외에 '诚挚地邀请您出席~'(~에 참석하여 주시길 진심으로 바랍니다.)는 요청의 뉘앙스가 강하다. '我们诚挚地邀请您拨冗出席~'(바쁘실 줄 알지만 ~에 참석하여 주시길 부탁드립니다.)는 보다 정중한 느낌이 든다.

**Ex2** '출석 여부를 알려주세요'는 请告诉我您是否能参加 또는 请告诉我您能否参加

营业部部长会议将在9月11日召开。不管您能否参加都请告诉我。

출석할 것인지, 못하는지 출결사항을 물을 때는 '请告诉我能否参加.'라는 표현을 쓴다. 참고로 어쩔 수 없는 이유로 참석할 수 없는 때는 '对不起。那天我有事，不能参加.'(죄송합니다. 그 날 일이 있어서 참석하지 못하겠습니다.)와 같은 표현을 쓴다.

**Ex3** '회의 의제'는 会议议题 또는 会议主题

下届集体聚会将于10月1日在我公司召开。本次聚会的议题为明年的销售目标。

가장 대표적인 의제는 '会议的主要议题'라 말하고 의제가 한 가지가 아닐 경우에는 '其他的都是会议相关文件.'(그 외 안건입니다.)을 붙이면 된다.

# 15

## 이벤트 초대 메일 쓰기

이벤트에 초대를 받았을 때는 참석 여부를 꼭 전달해야 한다. 이 과에서는 이벤트 초대장을 보낼 때, 초대장을 받고 참석 여부를 알릴 때, 숙소를 부탁할 때 등 각종 초대에 관한 표현을 알아보자.

---

**发件人** gdhong@mycompany.com

**收件人** chunling@yourcompany.com

**标题** 欢迎新职员通知函

李主任:

您好!

您辛苦了。我是营业部的洪吉童。今年我们招收了5名男职员和3名女职员。为了欢迎这次来的新职员以及更加巩固部门间的友好关系，计划将如下举办欢迎会。希望您一定能够拨冗出席。

韩国贸易公司 营业部 洪吉童
TEL：82-2-337-3053
FAX：82-2-337-3054

●●● 신입사원 환영회 안내

수고하십니다. 영업부의 홍길동입니다. 올해는 남자 5명, 여자 3명 신입사원이 입사했습니다. 그런 이유로 그들을 환영하고 부서를 초월한 친목을 다지기 위해 아래와 같이 환영회를 엽니다. 꼭 출석하시기를 부탁드립니다.

## Point 1 "모임에 초대합니다" 패턴

 '환영회를 엽니다'는 举办欢迎会 또는 举行欢迎宴会

为了热烈欢迎这次新来的职员和巩固部门间的友好关系，我们将举办如下的欢迎会。

신입사원을 환영하고 부서를 초월한 친목을 다지기 위해 아래와 같이 환영회를 엽니다.

 모임을 공지하는 기본 표현이다. '환영회를 개최합니다'는 '举办欢迎会。', '举行欢迎宴会。'로, 뒤에는 '我知道您最近一段时间很忙，但希望您一定能参加此次活动。'(바쁘신 시기이기는 합니다만, 이번 행사에 꼭 참석하시기를 부탁드립니다.)이라는 말을 덧붙이면 좋다.

为了纪念公司创立30周年，我们将于11月25日下午7点在大会议室举行派对。
이번에 회사 창립 30주년을 기념하여 11월 25일 오후 7시부터 대회의실에서 파티를 개최하게 되었습니다.

 파티 개최를 알리는 표현이다. '이번에 ~를 기념해서'라고 말하고 싶을 때는 '为了纪念~'을 쓴다. 또는 '为了隆重纪念~'(~를 성대하게 기념하기 위해서), '为了庆祝~'(~를 경축하기 위해서)라 말할 수 있다.

为了确认参与者和人数，希望在11月30日之前告知洪吉童您是否能参加。
참가 인원수 확인을 위해서 11월 30일 안에 홍길동 씨에게 참석 통지를 부탁드립니다.

 참가 인원수를 알고자 하는 표현이다. '如果您有意参加本次活动，请填写附件后发送到洪吉童的邮箱。'(이번 행사 참석을 원하실 경우 첨부한 참가 신청서를 작성하셔서 홍길동 씨에게 메일을 보내주시기 바랍니다.)이라고 말하기도 한다.

---

**Words**
- 宴会 yànhuì 연회 • 巩固 gǒnggù 견고하게 하다 • 友好关系 yǒuhǎo guānxì 친선 관계, 우호 관계 • 创立 chuànglì 창립하다
- 派对 pàiduì 파티 • 隆重 lóngzhòng 성대하다 • 庆祝 qìngzhù 경축하다 • 确认 quèrèn 확인하다 • 告知 gàozhī 알리다
- 填写 tiánxiě 써 넣다

**'초대를 기꺼이 받아들이겠습니다'**는 欣然接受此次邀请 또는 乐意接受邀请

商务邮件范文 **1**

我欣然接受此次邀请，将参加在3月10日星期一召开的创立10周年的纪念派对。
3월 10일 월요일에 개최되는 창립 10주년 기념 파티의 초대를 기꺼이 받아들이겠습니다.

 초대에 응하는 표현으로 '～의 초대를 기쁘게 받아들이겠습니다'는 '欣然接受邀请。', '乐意接受邀请。'이라고 쓴다.

商务邮件范文 **2**

非常感谢您邀请我参加在7月2日星期二即将举行的创立5周年纪念派对。我务必将陪同上司一同参加。
7월 2일 화요일 창립 5주년 기념 파티에 초대해 주셔서 감사드립니다. 상사와 함께 꼭 참석하겠습니다.

 초대를 해 준 것에 대한 감사 인사로 시작하여, '我一定会参加。'(확실히 참석하겠습니다.)로 초대에 반드시 참석하겠다는 의사를 밝히는 표현이다. '应邀赴会。'는 '초대에 응하여 연회에 참석하다'라는 뜻으로 '我将欣然应邀赴会。'라고 말할 수 있다.

商务邮件范文 **3**

非常感谢您邀请我参加在6月25日星期四的讨论会。但真不好意思。我那天有急事，不能参加。
6월 25일 목요일 토론회에 초대해 주셔서 감사드립니다. 그런데 정말 죄송한데 그 날은 사정이 있어서 참석할 수 없습니다.

 초대를 거절할 때의 표현이다. '真不好意思'는 '实在不好意思', '真对不起', '很抱歉', '实在抱歉'으로 바꿔 쓸 수 있다.

**Words**
- 欣然 xīnrán 기꺼이, 기쁘게 • 乐意 lèyì 기꺼이~하다 • 邀请 yāoqǐng 초청하다 • 务必 wùbì 반드시
- 陪同 péitóng 동반하다, 같이 가다 • 上司 shàngsi 상사 • 抱歉 bàoqiàn 미안해하다

**Point 3**  고위 인사의 방문을 알리는 패턴

 '숙소 준비를 잘 부탁드립니다'는 请您安排一下住宿

商务邮件范文 **1**

金会长在1月即将访问贵公司。**请您安排好住宿，在**中国酒店**预定一下从1月12日到16日的房间。**

> 김 회장님이 1월에 귀사를 방문할 예정입니다. 1월 12일부터 16일까지 중국 호텔에 숙소 준비를 잘 부탁드립니다.

 숙소를 부탁할 때 쓰는 표현이다. '숙소 준비를 부탁드려도 괜찮을까요?'는 '您可以为我安排一下住宿吗?' 또는 '请您订一下我的房间.'이라고 한다.

商务邮件范文 **2**

洪吉童先生在6月15日将访问贵公司。**请您在那时腾出时间。**

> 홍길동 씨가 6월 15일에 귀사를 방문할 예정입니다. 시간을 비워 두세요.

 방문 날짜를 알리고 그 시간에 다른 일정을 잡지 않도록 미리 말하는 표현이다. '请您在那时腾出时间.'은 '请您做好时间安排.'(스케줄을 잘 짜두세요.)로 말할 수도 있다.

商务邮件范文 **3**

洪吉童先生在8月12日下午2点将抵达北京首都机场。**希望您去迎接他。**

> 홍길동 씨가 8월 12일 오후 2시에 북경수도공항에 도착할 예정입니다. 마중 준비를 부탁드립니다.

 마중을 부탁할 때 쓰는 표현이다. '迎接'는 '接站'으로 바꿔 쓸 수 있다. '마중 부탁드립니다'는 '希望您迎接他', '盼望您迎接他', '期待您迎接他' 등으로 표현한다.

---

**Words**
- 安排 ānpái 안배하다, 준비하다 • 住宿 zhùsù 숙박하다, 묵다 • 腾出 téngchū (시간을)내다 • 抵达 dǐdá 도착하다
- 迎接 yíngjiē 영접하다, 맞이하다 • 接站 jiēzhàn (역, 공항 등으로)마중 나가다 • 盼望 pànwàng 간절히 바라다

## 모임 후 감사 인사 표현

모임이 끝난 후에는 모임의 주최 측, 초대된 쪽 모두 감사 인사 메일을 보내는 것이 비즈니스의 기본 매너이다.

- 我向在百忙之中抽出时间参加此次活动的各位人士表示衷心的感谢。
  바쁘신 중에 시간을 내 주셔서 이번 행사에 참석해 주신 여러분께 깊이 감사드립니다.

- 非常感谢您抽出时间参加此次聚会，让我们能够听到您的宝贵经验。
  미팅 시간을 내 주셔서 귀중한 경험을 듣게 된 점 감사드립니다.

- 非常感谢您邀请我参加上次贵公司主持的高尔夫球比赛。
  지난번 귀사 주최의 골프 대회에 초대해 주셔서 감사드립니다.

**Words**
- 在百忙之中 zài bǎimáng zhī zhōng 바쁜 와중에 • 抽出时间 chōuchū shí jiān 시간을 내다 • 宝贵 bǎoguì 진귀한, 소중한
- 经验 jīngyàn 경험 • 主持 zhǔchí 주관하다

## Quiz 이런 경우에는 중국어로 어떻게 표현?

**Q1.** 为了热烈 _____ 这次新来的职员和巩固超越部门的友好关系，我们将 _____ 如下的欢迎会。

   신입사원을 환영하고 부서를 초월한 친목을 다지기 위해 아래와 같이 환영회를 엽니다.

**Q2.** 我 _____ 接受此次邀请，将参加在3月10日星期一召开的创立10周年的纪念派对。

   3월 10일 월요일에 개최되는 창립 10주년 기념 파티의 초대를 기꺼이 받아들이겠습니다.

**Q3.** 金会长在1月即将访问贵公司。请您我 _____ 好住宿，在中国酒店预定一下从1月12日到16日的房间

   김 회장님이 1월에 귀사를 방문할 예정입니다. 1월 12일부터 16일까지 중국 호텔에 숙소 준비를 잘 부탁드립니다.

**Answer**
Q1 欢迎, 举办 Q2 欣然 Q3 安排

## Exercise 한중 번역 도전!

**Ex1.** 이번 프로젝트의 성공을 축하하여 10월 30일에 조촐한 파티를 열려고 합니다.

**Ex2.** 사원 친목회에 초대해 주셔서 감사드립니다. 아내와 함께 꼭 참석하겠습니다.

**Ex3.** 김 부장이 4월 6일 4시에 중국수도공항에 도착할 예정입니다. 마중 준비 부탁드립니다.

## Answer

**Ex1** '파티를 열다'는 举行派对, 举行宴会

为了祝贺本次项目获得成功，我们在10月30日将举行小规模的派对。
　'파티를 열다'는 '举行派对', '举行宴会'를 쓴다. 같은 의미로 '파티를 개최하다'라고 하고 싶을 때는 '召开派对'라고 표현한다. '조촐한 파티'는 '小规模派对', '小型派对'로 쓴다. 뒤에 장소를 설명할 때는 '举行派对的地点是○○○。从下午7点正式开始。'(장소는 ○○○입니다. 오후 7시부터 시작합니다.)와 같은 말을 덧붙일 수도 있다.

**Ex2** '꼭 참석하겠습니다'는 一定会参加, 务必会参加

非常感谢您邀请我参加职员联谊会。我一定偕同妻子出席。
　초대에 대한 인사는 '非常感谢', '谢谢您'로 한다. '偕同'은 '~와 함께, ~와 동반하여'라는 뜻이고 '꼭 참석하겠습니다'는 '一定会参加', '务必会参加'로 쓴다. '~파티에 기쁘게 참석하겠습니다'는 '我欣然参加~的派对。', '我乐意参加~的派对。'로 쓸 수 있다.

**Ex3** '마중'은 迎接

金部长将在4月6日下午4点抵达北京首都机场。希望您能去迎接他。
　비행기 편을 말해 줄 때는 '他将坐4月6日下午4点的B-663飞机抵达北京首都机场。'(4월 6일 4시 B-663편으로 북경수도공항에 도착할 예정입니다.)과 같이 쓴다.

# 방문을 요청하는 메일 쓰기

**Point 1**  만남을 요청하는 표현 테크닉
**Point 2**  승낙·사양의 표현 테크닉
**Point 3**  회사 방문을 요청하는 표현 테크닉

비즈니스 세계에는 문자만으로는 한계가 있어 직접 만나서 처리해야 할 부분이 존재한다. 이 과에서는 만남을 요청할 때, 승낙이나 거절을 할 때, 회사 방문을 요청할 때 등 만남에 관한 표현을 알아보자.

| 发件人 | gdhong@mycompany.com |
|---|---|
| 收件人 | chunling@yourcompany.com |
| 标题 | 约定见面时间信函 |

李主任:
　您好!
　承蒙您的照顾，我们一切都好。如果您有时间，我们希望能够跟您见面一起探讨贵公司的新技术，不知是否打扰您了？


韩国贸易公司 营业部 洪吉童
TEL：82-2-337-3053
FAX：82-2-337-3054


●●● 시간 약속 건

　덕분에 잘 지내고 있습니다. 괜찮으시면 한번 만나 뵙고 귀사의 신기술에 대해 직접 이야기를 나누고 싶은데, 어떠신가요?

**Point 1 만남을 요청하는 표현 테크닉**

@ '한번 만나 뵙고 싶습니다'는 希望跟您见面 또는 希望见到您

**1**

若您有时间，我们希望跟您见面一起讨论贵公司的新技术，不知是否打扰您了？

시간 괜찮으시면 한번 만나 뵙고 귀사의 신기술에 대해 직접 이야기를 나누고 싶은데, 어떠신가요?

 '시간 괜찮으시다면 한번 만나 뵙고 ~하고 싶습니다'는 '若您有时间，我们希望跟您见面一起 ~'로 만남을 요청하거나 부탁할 때 쓰는 기본 표현이다. 이 표현은 '希望听取○○先生的看 法.'(○○ 씨의 생각을 듣고 싶은데요.)와 같이 말할 수 있다.

**2**

我们可否在4月10日与您见面并一起讨论下一个项目。

4월 10일에 만나 뵙고, 다음 프로젝트에 대해 이야기 나눌 수 있을까요?

 정중하게 만남을 요청하는 표현이다. '我们可否~'는 '我们可不可以~'로 바꿔 쓸 수 있으며, '讨 论'은 '探讨', '商讨'로도 말할 수 있다.

**3**

想问候一下您拜访贵公司。不知下星期怎么样? 您有时间吗?

한번 인사차 들리고 싶은데, 다음 주 시간은 어떠신가요?

 한번 인사차 상대방의 회사를 방문하겠다고 말하는 표현이다. 우리말처럼 '시간은 어떠신가요?'라 고 말하고 싶으면 '您有时间吗?', '您有空吗?'라고 하면 된다. '请您抽出时间跟我见面.'이라고 말하면 더욱 정중한 표현이 된다. 상대방의 시간에 맞추겠다는 표현은 '我什么时候都可以见面。 我将跟随您的日程表.'(시간은 그쪽 사정에 맞추겠습니다.)라고 표현 할 수 있다.

**Words**
- 讨论 tǎolùn 토론하다, 논의하다 • 新技术 xīnjìshù 신기술 • 打扰 dǎrǎo 방해하다, 폐를 끼치다 • 听取 tīngqǔ 귀담아듣다
- 看法 kànfǎ 견해, 의견 • 探讨 tàntǎo 연구 토론하다 • 商讨 shāngtǎo 논의하다 • 拜访 bàifǎng 삼가 방문하다
- 跟随 gēnsuí 따르다

# Point 2  승낙·사양의 표현 테크닉

## '비어 있다'는 有空 또는 有时间

商务邮件范文
**1**

没问题。那时我有空。但我想跟我公司的营业部长一起去。可以吗?

그 시간이라면 비어 있어서 괜찮습니다. 그런데 저희회사의 영업부장도 함께 가고 싶은데 괜찮으시겠습니까?

'没问题。那时我有空。'은 만남을 승낙할 때 쓰는 일반적인 표현이다. 혹시 함께 누군가를 데리고 가고 싶을 때는 '我想跟○○一起去。', '我想带○○一起去。'라고 한다. 또한 '我可以跟○○一起进餐, 同桌吃饭吗?'(○○와 동석하여 함께 식사를 해도 괜찮습니까?)라고 말하기도 한다.

商务邮件范文
**2**

太遗憾了。那个星期我没有空。希望下次有机会能够跟您再见面。

유감이지만, 그 주는 바쁩니다. 다른 기회에 또 만나 뵈었으면 합니다.

바빠서 거절할 때 쓰는 표현이다. '바쁩니다'를 '没有空'을 써서 '시간이 비어 있지 않다'라고 표현한다. 직접 '바쁘다'의 뜻인 '忙'을 넣어서 말할 경우에는 '对不起。那个星期我工作很忙。希望下次有机会能够见到您。'(죄송합니다만, 그 주는 일이 바빠서 또 다른 기회에 만나 뵐 수 있으면 합니다.)과 같이 말한다.

商务邮件范文
**3**

无法接受您特地提出的建议，我感到很难过。但很抱歉，我无法接受您的建议。

모처럼의 제의에 응할 수가 없어서 정말 마음이 아프지만, 이번 이야기는 사양하겠습니다.

부드럽게 거절하는 표현으로 '사양하겠습니다'는 '很抱歉，我无法接受您的建议。'라고 한다. '급한 일이 있어서 그렇게 할 수 없다'는 '急事'를 써서 '很抱歉。我有急事无法接受您的建议。'라고 말하기도 한다.

---

**Words**
• 营业 yíngyè 영업하다 • 进餐 jìncān 식사를 하다 • 同桌 tóngzhuō 동석하다 • 提出建议 tíchū jiànyì 의견을 제기하다

**Point** **3** 회사 방문을 요청하는 표현 테크닉

 '~로 와 주시면 고맙겠습니다'는 请您来~。非常感谢。

**1**

8月17日星期一下午我有空。若有时间，**请您来我们公司。非常感谢。**

8월 17일 월요일 오후는 시간이 비어 있으니 만약 가능하다면 저희 회사로 와 주신다면 고맙겠습니다.

 회사 방문을 요청하는 기본 표현이다. '~로 와 주신다면 고맙겠습니다'는 '若您可以来~，我将感激不尽。'으로, '~로 와 주시겠습니까?'는 '您可以来~吗?'로 쓴다.

**2**

下星期**您可以来我们公司吗?**

다음 주 회사에 오실 수 있으세요?

 앞부분에 구체적인 때를 언급하여 방문을 요청하는 표현으로 '下星期您能到我们公司吗?', '下星期您可以访问我们公司吗?'(다음 주 내사해 주실 수 있으신가요?)로도 말할 수 있다.

**3**

因时间问题，我不能去那儿。**您可否到我们公司?**

시간적으로 그쪽으로 가는 것은 무리일 것 같습니다. 당사로 와 주시는 것은 가능합니까?

 자신이 방문하는 것이 힘들어 상대방에게 와달라고 말하는 표현이다. 이쪽에서 가능한 다른 시간을 제시할 경우에는 '下午六点以后我有一个小时的时间。'(오후 6시부터 1시간 정도 시간을 낼 수 있습니다.)이라고 말한다.

**Words** ·······························································································

• 感激不尽 gǎnjībújìn 감격하기 그지없다  • 可否 kěfǒu 가능한지, 할 수 있는지 없는지

## 지인을 소개할 때의 표현

자신이 직접 만나거나 연락할 수 없어서 다른 사람을 소개하는 표현을 알아보자.

- 我的下属员工洪吉童想倾听您对此次事宜的看法。我让他直接跟您联系。还请您多多关照。
  제 부하직원 홍길동이 이 건에 대해 귀하로부터 의견을 듣고 싶다고 합니다. 본인이 직접 연락하도록 할 테니 잘 부탁드립니다.

- 我的下属员工洪吉童很想见您。我知道您最近很忙，但希望您能够抽出时间见一下他。
  제 부하직원 홍길동이 꼭 만나고 싶다고 합니다. 바쁘신 줄은 알지만, 시간을 내 주실 수 있으세요?

### Words

- 下属员工 xiàshǔ yuángōng 부하직원 • 倾听 qīngtīng 경청하다 • 事宜 shìyí 사항, 사무 • 看法 kànfǎ 견해, 의견
- 抽出时间 chōuchū shíjiān 시간을 내다

## Quiz 이런 경우에는 중국어로 어떻게 표현?

**Q1.** 若您有时间，我们希望能跟您见面一起 ▢▢▢ 贵公司的新技术。

시간 괜찮으시면 한번 만나 뵙고 귀사의 신기술에 대해 직접 이야기를 나누고 싶은데, 어떠신가요?

**Q2.** 没问题。那时我有 ▢▢▢ 。但我想跟我公司的营业部长一起去。可以吗?

그 시간이라면 비어 있어서 괜찮습니다. 그런데 저희회사의 영업부장도 함께 가고 싶은데 괜찮으시겠습니까?

**Q3.** 8月17日星期一下午我有空。若有时间，请您 ▢▢▢ 我们公司。非常感谢。

8월 17일 월요일 오후는 시간이 비어 있으니 만약 가능하다면 저희 회사로 와 주신다면 고맙겠습니다.

### Answer

Q1 讨论 Q2 空 Q3 来

**Exercise** 한중 번역 도전!

Ex1. 이전부터 귀사에 관심을 가지고 있습니다. 가능하면 한번 만나서 이야기를 나누고 싶은데 어떠세요?

Ex2. 그 시간이라면 비어 있어서 괜찮습니다. 그런데 부하직원인 홍길동 씨도 동석하고 싶은데 괜찮으세요?

Ex3. 내일 오후라면 1시간 정도 시간을 낼 수 있습니다. 저희 회사로 오실 수는 없으신가요?

**Answer**

**Ex1** 만남을 요청할 때 希望跟您见面 또는 希望见到您

我对贵公司一直保持高度关注。若您有时间，我希望能跟您见面一起讨论一下。

만남을 요청할 때는 '希望能跟您见面.', '希望见到您.'으로 표현한다. 또는 '倾听意见'을 써서 '希望倾听○○的看法.'(○○ 씨의 견해를 듣고 싶습니다.)와 같이 말할 수 있다.

**Ex2** '비어 있습니다'는 有空 또는 有时间

没问题。那时我有空。但我想跟下属员工洪吉童一起去。可以吗?

흔쾌히 승낙할 경우에는 '当然。我什么时候都可以.'(물론입니다. 언제라도 괜찮습니다.)로 표현할 수 있다. 친구 사이라면 '当然都可以。没问题.'(물론이지, 상관없어.)라고 한다.

**Ex3** '~로 오실 수 없으신가요'는 您可以来~吗?

明天下午我有一个小时的时间。您可以来我们公司吗?

'시간을 낼 수 있다'는 '有时间.', '可以腾出时间.'이라고 한다. '저희 회사로 오실 수 있으세요?'는 '您可否到我们公司来?', '您可以来我们公司吗?', '请您来我们公司.' 등으로 표현한다.

# 만날 약속을 조정하는 메일 쓰기

**Point 1** 장소를 바꾸고 싶다면?
**Point 2** 날짜와 시간을 바꾸고 싶다면?
**Point 3** 약속을 변경하거나 취소하고 싶다면?

약속은 지키라고 하는 것이지만 업무를 하다 보면 약속을 정해 놓고도 불가피한 사정으로 약속을 깨야 하는 상황이 생기기 마련이다. 이 과에서는 만날 장소를 바꿀 때, 날짜와 시간을 바꿀 때, 약속을 조정해야 할 때 등 약속에 관한 표현을 알아보자.

| | |
|---|---|
| 发件人 | gdhong@mycompany.com |
| 收件人 | chunling@yourcompany.com |
| 标题 | 聚会信函 |

李主任：
您好！
承蒙您的照顾，我们一切都好。但不好意思。不知原定于这个星期举行的聚会能不能延迟一个星期？
突然改变聚会时间，定会给您添很多麻烦。还请您多多包涵。

韩国贸易公司 营业部 洪吉童
TEL：82-2-337-3053
FAX：82-2-337-3054

●●● 미팅 건

덕분에 잘 지내고 있습니다. 죄송합니다만, 이번 주 미팅을 다음 주로 바꿀 수 없을까요? 급하게 변경해서 폐를 끼치게 되었습니다만 아무쪼록 잘 부탁드립니다.

**Point 1** 장소를 바꾸고 싶다면?

 '장소는 어디로 할까요?'는 我们在哪儿见面比较好呢? 또는 咱们可否在~见面?

商务邮件范文 **1**

### 对于下个星期的聚会，我们在哪儿见面比较好呢?
다음 주 미팅 건 말입니다만, 장소는 어디로 할까요?

미팅 장소를 묻는 일반적인 표현이다. '我们在哪儿见面呢?'(장소는 어디로 할까요?)라고 직접적으로 물어도 좋고, '您有没有什么推荐的地方?'(어딘가 추천할 장소는 있습니까?)이라고 추천할 장소를 묻거나, '若您有想过特定的场所, 请告诉我.', '若您有心仪的场所, 请告诉我.'(어딘가 미리 생각해 두신 다른 특정한 장소가 있다면 알려 주세요.)라고 특정한 장소를 묻는 방법도 있다.

商务邮件范文 **2**

### 我们去拜访您? 还是您想到这儿来?
제 쪽에서 찾아뵐까요? 아니면 이쪽으로 오실 수 있으신가요?

미팅 장소가 여러 곳일 때 상대의 의향을 묻는 표현이다. 만나는 장소를 제시하고 '在哪个地方见比较好?'(어느 쪽이 좋으신가요?)라고 상대방의 의향을 물을 수도 있다. '贵公司和本公司中, 在哪儿见面比较好?'(미팅 장소는 귀사와 당사 중 어느 쪽이 괜찮으신가요?)라고 상대방이 선택할 수 있게 예를 들어줄 수도 있다. 만약 상대방의 회사에서 만나자고 할 때는 '咱们可否在贵公司见面?'(미팅 장소는 귀사가 어떠신가요?)이라고 하고, 회사로 와달라고 할 때는 '咱们可否在我公司见面?'(저희 회사는 어떠신가요?)이라고 하면 된다.

商务邮件范文 **3**

### 对于此次聚会，咱们可否在我公司附近的咖啡厅见面?
이번 미팅 건 말입니다만, 우리 회사 근처 카페는 어떠신가요?

미팅을 회사가 아닌 다른 장소에서 해야 되는 경우에 쓸 수 있는 표현이다. '公司附近的咖啡厅'대신 '北京酒店大厅'(북경호텔 로비) 등 장소를 교체하여 얼마든지 응용 가능하다.

**Words**
• 推荐 tuījiàn 추천하다 • 特定 tèdìng 특정한 • 场所 chǎngsuǒ 장소 • 心仪 xīnyí 흠모하다 • 拜访 bàifǎng 삼가 방문하다

# Point 2 날짜와 시간을 바꾸고 싶다면?

 '적당한 날'은 什么时候见面比较合适 또는 适合见面的时间

商务邮件范文 **1**

我下个星期都有时间。请告诉我您什么时候见面比较合适。

다음 주는 어느 시간대나 비어 있습니다. 적당한 날을 알려 주세요.

 '적당한 날짜와 시간을 알려 주세요'라고 날짜와 시간을 조정하고 싶을 때는 '언제쯤 만나는 게 좋은지 알려주세요'라는 뜻인 '请告诉我您什么时候见面比较合适。'로 쓴다.

商务邮件范文 **2**

下个星期的日程都满了。但下下个星期我都有时间。若您确定了见面日期, 就请跟我联系。

다음 주는 스케줄이 꽉 차 있습니다만, 그 다음 주라면 괜찮습니다. 확실한 날짜가 정해지면 연락 주세요.

 상대가 제시한 날짜와 시간에 사정이 좋지 않아서 다른 날짜와 시간을 타진할 때 쓰는 기본적인 표현이다. '스케줄이 꽉 차 있습니다'는 '日程都满了。'라고 쓰면 된다. 또는 '그 날 스케줄을 미리 짜두어서 변경이 불가능합니다.'는 '我们已经做好那天的时间安排, 不能更改。'라고 말한다.

商务邮件范文 **3**

对于此次聚会, 下个星期一, 也就是10月1日上午10点召开怎么样?

이번 미팅 건 말입니다만, 다음 주 월요일 10월 1일 10시는 어떠신가요?

 자신이 날짜를 지정해서 상대방의 의견을 묻는 표현이다. 상대에게 특정한 시간대에 만날 것을 제안할 때는 '怎么样?'앞에 특정 날짜를 넣어서 표현한다. '可以见面吗?'라고 말할 수도 있다.

---

**Words** ·················································································································
• 合适 héshì 적당하다, 알맞다(형) • 适合 shìhé 알맞다, 적절하다(동) • 满 mǎn 가득하다, 꽉 차다 • 确定 quèdìng 확정하다
• 更改 gēnggǎi 변경하다, 바꾸다

**Point** **3**   약속을 변경하거나 취소하고 싶다면?

 '약속시간을 변경해 주시지 않겠습니까?'는 您可否将聚会时间更改为~

商务邮件范文 **1**

对不起。我下个星期有急事。您可否将聚会时间更改为10月5日星期五。

죄송합니다만, 다음 주는 사정이 좋지 않게 됐습니다. 10월 5일 금요일로 변경해 주시지 않겠습니까?

'我突然有急事，想要更改日程。'(급한 일이 생겨서 스케줄을 변경해야 할 것 같습니다.)혹은 '我突然要去海外出差，不得不更改一下日程。'(급한 해외 출장이 잡혀서 스케줄을 변경해야 할 것 같습니다.) 등으로 표현하는 것이 좋다.

商务邮件范文 **2**

很抱歉，不知原定于这个星期举行的聚会能不能延迟一个星期？
突然改变聚会时间，定会给您添很多麻烦。请您多多包涵。

죄송합니다만, 이번 주 미팅을 다음 주로 바꿀 수 없을까요? 급하게 변경을 해서 폐를 끼치게 되었습니다만 아무쪼록 잘 부탁드립니다.

 '能不能~?'은 '~해 주실 수 없을까요?'라는 의미로 의뢰를 하는 표현이다. 마지막의 '급하게 약속을 변경해서 죄송하다'는 인사말은 '我们突然改变聚会时间。真对不起。'로 쓴다.

商务邮件范文 **3**

本来我们明天要拜访您。但情况不允许，好像不能在明天访问您了。
不知下个星期三怎么样？

내일 귀하를 찾아뵐 예정이었지만 상황이 여의치 않아서 그럴 수 없게 됐습니다. 다음 주 수요일은 어떠신가요?

 '情况不允许，好像不能'은 '상황이 여의치 않아서 그럴 수 없게 됐습니다'란 의미로 만약 '그 날 급한 일이 생겨서 회의에 참석할 수 없게 되었습니다'라고 하고 싶을 때는 '那天我有急事，不能参加此次会议。'라고 하면 된다.

**Words** ·····
• 更改 gēnggǎi 변경하다, 바꾸다 • 出差 chūchāi 출장 가다 • 原定 yuándìng 원래 정하다 • 延迟 yánchí 연기하다, 지연 시키다
• 给~添麻烦 gěi tiānmáfán ~에게 폐를 끼치다 • 包涵 bāohan 양해하다 • 允许 yǔnxǔ 허가하다, 동의하다

### 부득이하게 약속을 취소해야 할 때의 표현

약속을 취소할 때는 '真对不起。我有急事，不得不更改一下聚会时间。', '不好意思。情况不允许，我不得不更改日程。', '我给您添麻烦了。那天我有急事，不能参加。'와 같은 정중한 말로 상대의 기분을 상하지 않게 하는 것이 좋다.

---

- 真对不起。我有急事,不得不取消明天的聚会日程。
  대단히 죄송합니다만, 급한 일이 생겨서 내일 미팅을 취소해야 할 것 같습니다.

- 真不好意思。我突然有事，不能见面了。
  죄송합니다만, 급한 일이 생겨 만날 수가 없게 되었습니다.

---

**Words** ·······················································································································
- 给~添麻烦 gěi tiānmáfán ~에게 폐를 끼치다 • 允许 yǔnxǔ 허가하다, 동의하다

## Quiz  이런 경우에는 중국어로 어떻게 표현?

**Q1.** 对于下个星期的 ▢▢ ，我们在哪儿见面比较好呢？

다음 주 미팅 건 말입니다만, 장소는 어디로 할까요?

**Q2.** 我下个星期都有时间。请告诉我您什么时候见面比较 ▢▢ 。

다음 주는 어느 시간대나 비어 있습니다. 적당한 날을 알려 주세요.

**Q3.** 对不起。我下个星期有急事。不知能否将聚会时间 ▢▢ 为10月5日星期五。

죄송합니다만, 다음 주는 사정이 좋지 않게 됐습니다. 10월 5일 금요일로 변경해 주시지 않겠습니까?

**Answer** ·············································································································
Q1 聚会 Q2 合适 Q3 更改

**Exercise** 한중 번역 도전!

Ex1. 이번 미팅 건 말입니다만, 우리 회사 근처 카페는 어떠신가요?

Ex2. 다음 주는 스케줄이 꽉 차 있습니다만, 그 다음 주 3월 17일 수요일 10시라면 괜찮습니다.

Ex3. 내일 귀하와 점심식사를 함께 할 예정이었는데 모레 오후 7시로 변경해 주실 수 없겠는지요?

**Answer**

**Ex1** '~에서 뵐 수 있는지요?'는 咱们可否在~见面?

对于此次聚会，咱们可否在我公司附近的咖啡厅见面?
'咱们可否在~见面?'은 '~에서 뵐 수 있는지요?'라는 뜻으로 ~부분에는 다양한 장소가 올 수 있다. 뒤에 '如果不方便的话，请您告诉我您想去的地方，我会去找您.'(만약 불편하시면 원하시는 장소를 알려주세요. 제가 찾아가겠습니다.)이라고 이어 말할 수 있다.

**Ex2** 정중하게 거절한 후에는 다른 가능한 날짜를 제시한다.

下个星期的日程都满了。但下下个星期3月17日星期三上午10点我都有时间。
'모든 스케줄이 꽉 차 있습니다'는 '日程都满了.'이다. '다 다음 주'는 '下下星期', '下下个星期'로 쓴다.

**Ex3** 변경을 부탁할 때는 不知能否将聚会时间更改为~

本来明天我要跟您一起吃午餐。不知能否将聚会时间更改为后天下午7点。
정해진 약속 시간을 변경하고 싶을 때는 '不知能否将聚会时间更改为~'와 같은 말을 한마디 덧붙여 주면 좋다. 참고로 '죄송합니다만, 다음 주 참석 예정이었던 ○○에 참석할 수 없게 되었습니다'는 '真对不起。我将要参加下个星期举行的○○，但我好象不能参加.', '真对不起。我不能参加下个星期将要参加的○○.'라고 한다.

# 每天10分钟,
# 让您轻松成为中文商务邮件达人!

**10분 투자로 메일의 달인 되는 법**

비즈니스 실무에 들어가 직접 프로젝트를 맡아 진행하게 되면 간단한 중국어 표현도 쉽게 안 나와서 당황하기 쉽다. Part5에서는 프로젝트 일정을 관리할 때, 문의나 확인 메일을 쓸 때, 문제 상황에 대한 메일을 쓸 때 등 프로젝트에 관련된 구체적인 메일 표현을 알아본다.

프로젝트편 **Part 5**

**프로젝트 일정 관리 메일 쓰기**

**Point 1** 프로젝트의 일정을 체크하고 싶다면?
**Point 2** 프로젝트의 진행 상황을 체크하고 싶다면?
**Point 3** 프로젝트의 목표를 환기시키고 싶다면?

프로젝트에 있어 일정 관리는 생명이라고 할 수 있다. 이 과에서는 프로젝트를 맡아 일정을 관리하고 진행할 때 필요한 메일 표현을 알아보자.

---

**发件人** gdhong@mycompany.com

**收件人** chunling@yourcompany.com

**标题** 日程通知信函

---

李主任:
　您好!
　我是洪吉童。承蒙您的照顾，我们一切都好。本月的主要日程包括项目导向，现场视察和项目聚会。


韩国贸易公司 营业部 洪吉童
　TEL：82-2-337-3053
　FAX：82-2-337-3054


●●● 스케줄 보고

　　홍길동입니다. 덕분에 잘 지내고 있습니다. 이 달의 주요 스케줄은 프로젝트 오리엔테이션, 현지시찰, 프로젝트 미팅입니다.

**Point 1** 　프로젝트의 일정을 체크하고 싶다면?

✉ '스케줄에 따라'는 按照日程安排

商务邮件范文 **1**

> 我们将<u>按照如下的日程安排</u>开展此次项目。希望您对此给予配合。
>
> 아래 스케줄에 따라 프로젝트를 진행할 예정이므로 협조해 주세요.

 　스케줄을 알려주면서 협력을 요청하는 표현이다. '按照'는 명사 앞에 놓여 '～에 따라'라는 의미를 가진다. '按照'와 '根据'는 모두 전치사로 '～에 따라, ～에 근거하여'라는 의미를 가지고 있지만 '根据'가 사물이나 동작의 전제 또는 기초를 뜻하는 데 비해 '按照'는 어떤 근거에 따라 그대로 실행한다는 데에 그 의미상의 중점이 있다.

商务邮件范文 **2**

> 此次项目<u>的大概日程安排</u>如下。供您参考。
>
> 이번 프로젝트의 스케줄은 대강 다음과 같습니다. 참고해 주세요.

 　스케줄을 전달할 때 쓰는 기본 표현이다. '日程安排'는 '日程表', '时间表'로 바꿔 쓸 수 있으며, '大概'는 '대략적인, 대강의'라는 뜻이다. 뒷부분에 '请您参考一下!'와 같은 말을 붙여도 좋다.

商务邮件范文 **3**

> <u>本月的主要日程包括</u>项目导向, 现场视察和项目聚会。
>
> 이달의 주요 스케줄은 프로젝트 오리엔테이션, 현지시찰, 프로젝트 미팅입니다.

 　스케줄을 자세하게 설명하는 표현이다. 主要는 '주된, 주요한'이란 뜻으로 설명할 때 자주 쓸 수 있는 말이다.

---

**Words** ·······························································································
- 按照 ànzhào ～에 따라 • 开展 kāizhǎn 전개하다 • 配合 pèihé 협력하다 • 大概 dàgài 대략적인 • 参考 cānkǎo 참고하다
- 项目导向 xiàngmù dǎoxiàng 프로젝트 오리엔테이션 • 视察 shìchá 시찰하다

**Point 2** 프로젝트의 진행 상황을 체크하고 싶다면?

 '**프로젝트 진행 상황은 어떤가요?**'는 项目的进展如何?

该开发项目的最新进展如何?

이 개발 프로젝트의 최근 진행 상황은 어떤가요?

 진행 상황을 묻는 일반적 표현이다. '어떻게 진행되고 있습니까?'는 '进展如何?'라고 하고 뒤에 '请 您告诉我。谢谢。'(알려 주시면 고맙겠습니다.)라는 말을 덧붙여도 좋다.

对于该项目的进展，请您继续发邮件告诉我。

이 개발 프로젝트의 진행 상황에 대해 메일로 계속 알려 주세요.

 진행 상황을 그때마다 메일로 받고자 할 때 쓸 수 있는 표현이다. '~에 대해 메일로 계속 알려 주세요'는 '对于~，请您继续发邮件告诉我。'로 쓰면 된다. 혹은 '如果有什么进展，就请告诉 我。'(무슨 진전이 있으면 알려 주세요.), '每当有什么新进展,请您跟我联系。'(무슨 진전이 있으면 그때마다 연락 주세요.)라고 쓸 수도 있다.

请您掌握该项目现在存在拥有的问题。

이번 프로젝트에 관한 현재의 문제점을 파악해 주세요.

'把握'라는 단어는 '(추상적인 사물을)파악하다, 장악하다'라는 의미로, '掌握问题'(문제점을 파악하다), '掌 握犯罪嫌疑人的行为'(용의자의 행동을 모조리 밝혀내다)와 같이 쓴다.

 **Words**
•进展 jìnzhǎn 진전 •开发 kāifā 개발하다 •继续 jìxù 계속 •掌握 zhǎngwò 장악하다, 파악하다
•拥有 yōngyǒu 보유하다, 가지다

**Point 3** 프로젝트의 목표를 환기시키고 싶다면?

 '~의 목적은 ~입니다'는 *~的目的为~*

商务邮件范文

**1**

此次会议**的目的为**提高该新产品的质量。

이번 회의**의 목적은** 이 신상품의 품질을 향상시키는 **것입니다.**

 '~的目的为~'(~의 목적은 ~하는 것입니다.)는 목적을 전달하고 싶을 때 쓰는 기본 표현이다. '~的宗旨 在于~'(~의 목적은 ~에 있습니다, ~의 취지는 ~에 있습니다)라고 써도 된다.

商务邮件范文

**2**

在未来一个月内成功开发新产品**是我们的共同目标**。

앞으로 한 달 이내에 신상품을 개발하는 **것이 우리들의 목표입니다.**

 '~是我们的共同目标。'(~하는 것이 우리들의 목표입니다.)는 목표를 알리고 싶을 때 쓰는 표현이다. 위 문장은 '成功与○○公司进行商讨是我们的共同目标。'(○○○사와의 상담을 성립시키는 것이 우리의 목표입 니다.)와 같이 응용하여 표현할 수도 있다.

商务邮件范文

 **3**

我们公司**的核心目标是**"安全第一"。

우리 회사**의 모토는** 안전제일**입니다.**

 목표를 전달할 때 쓰는 간단한 표현 중 하나이다. '모토'는 '核心目标', '主要目标', '格言', '标语' 등 다양하게 표현할 수 있다.

---

**Words** ·············································································································

• 目的 mùdì 목적 •提高 tígāo 제고하다, 끌어올리다 •质量 zhìliàng 품질 •宗旨 zōngzhǐ 목적, 취지
• 共同目标 gòngtóng mùbiāo 공동목표 •商讨 shāngtǎo 논의하다 •核心 héxīn 핵심

## 미팅 진행에 관한 표현

프로젝트를 진행할 때 빠질 수 없는 것이 여러 사람들이 모이는 미팅이다. 미팅 진행과 관련된 표현을 살펴보자.

---

- 请您在安排聚会日程后，与我联系。
  미팅 준비가 되는 대로 연락 주세요.

- 请在会议结束当天，将会议摘要用邮件发给我。
  미팅이 끝나면 그날 안에 의사록을 제게 메일로 보내 주세요.

- 请在会议开始五分钟前，到会议室集合。
  미팅 5분 전까지 제2 회의실까지 모여 주세요.

---

**Words** ··········································································································

- 安排 ānpái 안배하다, 준비하다 • 结束 jiéshù 끝나다, 종료하다 • 摘要 zhāiyào 요점만 적다, 개요
- 集合 jíhé 집합하다, 모으다

**Quiz** 이런 경우에는 중국어로 어떻게 표현?

**Q1.** 我们将 ▮▮ 如下的日程安排开展此次项目。希望您对此给予配合。

아래 스케줄에 따라 프로젝트를 진행할 예정이므로 협조해 주세요.

**Q2.** 该开发项目的最新 ▮▮ 如何?

이 개발 프로젝트의 최근 진행 상황은 어떤가요?

**Q3.** 此次会议的 ▮▮ 为提高该新产品的质量。

이번 회의의 목적은 이 신상품의 품질을 향상시키는 것입니다.

**Answer** ·······································································································

Q1 按照 Q2 进展 Q3 目的

**Exercise** 한중 번역 도전!

**Ex1.** 이번 프로젝트는 첨부한 스케줄에 따라 진행하오니 협조해 주세요.

**Ex2.** 귀하가 관리하고 있는 개발 플랜 말입니다만, 최근 진행 상황은 어떤가요?

**Ex3.** 본 계획의 주된 목표는 당사 상품의 시장 점유율을 확대하는 것입니다.

**Answer**

**Ex1** '~에 따라'는 按照
我们将按照附上的日程表开展此次项目。请您对此给予配合。
'请您对此给予配合。'부분에 '참고해 주세요'라고 말하고 싶을 때는 '供您参考。'라는 표현을 쓰면 된다.

**Ex2** '~에 말하면'는 就~而言
就您所管理的开发规划而言，不知最新进展如何？
상황을 물을 때의 일반적 표현으로 뒤에는 '请您告诉我。谢谢。'(알려 주시면 고맙겠습니다.)와 같은 말이 올 수 있다.

**Ex3** '주된 목표'은 主要目标 또는 核心目标
本规划的主要目标是扩大本公司商品的市场占有率。
주된 목표를 알리는 대표적 표현이다. '시장 점유율을 확대하다'는 '扩大市场占有率'라고 표현한다. '市场占有率'(시장점유율) 외에 '市场份额'(마켓쉐어)라고 표현할 수 있다.

**Point 1** "질문 들어갑니다" 패턴
**Point 2** "답변 여기 있습니다" 패턴
**Point 3** "여기도 질문 있습니다" 패턴

프로젝트를 풀어나가는 열쇠는 대화이다. 이 과에서는 프로젝트 진행 과정에서 생길 수 있는 의문점에 관한 구체적 질문과 그에 관한 답변 표현을 알아보자.

| 发件人 | gdhong@mycompany.com |
|---|---|
| 收件人 | chunling@yourcompany.com |
| 标题 | 商品咨询信函 |

李主任:

您好!

这是我第一次给您发邮件。我是在韩国贸易公司里负责营业业务的洪吉童。我们对贵公司的产品很感兴趣。如果您能给我们提供贵公司最新开发的录音机M11的全部详细资料，这将会对我们很有帮助。谢谢。

韩国贸易公司 营业部 洪吉童
TEL：82-2-337-3053
FAX：82-2-337-3054

●●● 상품 문의 건

처음으로 이렇게 메일을 보냅니다. 저는 한국 무역회사에서 영업을 담당하고 있는 홍길동이라고 합니다. 귀사의 제품에 흥미가 있습니다만, 녹음기 M11에 관한 자세한 자료를 보내주신다면 큰 도움이 될 것 같습니다. 감사합니다.

**Point 1**  "질문 들어갑니다" 패턴

 '~를 보내주실 수 있나요?'는 **可以寄给我~吗?** 또는 **您可以提供给我们吗?**

商务邮件范文 **1**

我们对贵公司的产品很感兴趣。希望能够更加了解贵公司的其他产品。
**您可以给我们提供贵公司的产品手册吗?**

귀사의 신제품에 관심이 있습니다. 다른 제품에 대해서도 더 알고 싶은데 회사 제품 팜플렛을 보내주실 수 있나요?

문의할 때의 표현으로 일단 '我们对贵公司的产品很感兴趣。'로 관심을 표현하고, '您可以给我们提供~吗?'로 원하는 자료나 샘플 등을 문의하는 표현이다. '您可以给我们提供贵公司的产品手册吗?'는 '您可以把详细的资料寄给我们吗?' 또는 '不知能否给我们发详细的资料。'(더 상세한 자료는 없습니까?)로 바꿔 말할 수 있다.

商务邮件范文 **2**

**我们还没收到**上次订购的零部件，**不知您是否已经发货出库了。**

일전에 주문한 부품이 아직 도착하지 않았는데, 이미 출하하신 건가요?

아직 도착하지 않는 물품에 대한 질문 표현이다. 혹시 이미 발송했을지도 모를 때를 대비한 표현은 '若您已经发货出库。那实在太不好意思了。'(혹시 이미 보내셨다면 죄송합니다.)와 같이 쓰면 된다. 위의 질문에 대한 답변으로는 '已出库发货，正在寄送中，请您耐心等待。'(이미 출하하여 배송중에 있으니 좀 더 기다려주시기 바랍니다.)가 있다.

商务邮件范文 **3**

**请您大概估计一下**交付的费用和交货时间**?**

대략적인 비용과 납기일의 견적을 내 주시겠습니까?

'大概'는 '대략적인, 대강의'라는, '估计'는 '견적을 내다'라는 뜻이다. '估算单', '报价单'은 '견적서'라는 뜻으로 '견적서를 작성하다'는 '制作报价单'으로 '견적서를 청구하다'는 '索要报价单'이라 표현한다.

---

**Words**
- 了解 liǎojiě 이해하다, 자세하게 알다 • 手册 shǒucè 안내 책자 • 详细 xiángxì 상세하다 • 发货 fāhuò 출하하다
- 出库 chūkù 출고하다 • 寄送 jìsòng 우편을 통해 전해주다 • 耐心 nàixīn 참을성이 있다 • 估计 gūjì 추측하다, 예측하다
- 交付 jiāofù 지불하다 • 索要 suǒyào 달라고 하다, 요구하다

'~에 대한 문의'는 关于~的询问 또는 对于~的询问

商务邮件范文 **1**

**对于我公司销售产品的询问，我们在本公司的北京五道口分店里销售该产品。**
당사가 판매하고 있는 제품에 대한 문의 말입니다만, 그것은 당사의 베이징 우다코우에서 판매하고 있습니다.

 문의에 대답할 때는 '关于~的询问', '对于~的询问'으로 시작해서 말하면 된다. '我对您的提问
进行作答.'(질문 건에 대한 답변드립니다.)의 의미다.

商务邮件范文 **2**

**上个星期您所询问过的产品名称如下。**
저번 주 문의하신 제품의 이름은 다음과 같습니다.

 문의에 대한 답변으로 '문의하신'은 '您所询问过的~'를 쓴다. 이 표현은 '您所咨询过的~'로 바
꿀 수 있다. '메일로 문의주신', '전화로 문의주신'은 '您发邮件询问过的', '您打电话询问过的'
로 쓰면 된다.

商务邮件范文 **3**

**对于昨天您所询问过的内容，因是本企业的机密，无法回答您。**
어제 문의하신 건에 대해서는 기업비밀이라서 답을 드릴 수가 없습니다.

 문의한 내용에 대해 답할 수 없을 경우 정중하게 거절하는 표현이다. '~에 대해서는'은 '对于~内
容' 외에도 '内容'을 생략하고 '对于~'라고 표현할 수도 있다. 또는 아직 확인 중이라서 기다려 달
라고 말하고 싶을 때는 '我们正在确认，请您稍等一下。'(지금 확인 중이므로, 조금 기다려 주세요.)와 같
이 표현한다.

---

**Words**
• 询问 xúnwèn 알아보다, 문의하다 • 销售 xiāoshòu 판매하다 • 五道口 wǔdàokǒu 우다코우, 오도구(지명)
• 作答 zuòdá 대답하다 • 名称 míngchēng 명칭 • 机密 jīmì 기밀

# Point ③ "여기도 질문 있습니다" 패턴

 '먼저 ～를 알려주세요'는 请您先告诉我~

商务邮件范文

**1**

感谢贵方10月12日邮寄的信函询问我公司的新产品。

10월 12일자로 저희 회사의 신제품에 대한 문의 메일을 주셔서 감사드립니다.

 거래처나 고객으로부터 온 메일을 언급하면서 감사하는 답변 표현이다. 또는 '我们欣悉贵方10月12日给我们发邮件询问我公司的产品。'이라 말한다.

商务邮件范文

**2**

在回答之前，请您先告诉我您拥有哪种机械。

질문에 답하기 전에 손님이 갖고 계신 기계가 어떤 기종인지를 알려 주세요.

 일반 소비자로부터 온 질문에 의문점이 생겨서 추가로 질문하는 표현이다. '您拥有哪种机械'는 '您前面有的机械是哪种类型'(손님 옆에 있는 기계가 어떤 기종인지), '您购买了哪种机械'(손님이 사신 기계가 어떤 기종인지) 등으로 응용할 수 있다.

商务邮件范文

**3**

对于您询问在哪儿可以购买产品的零部件，您可以在我公司网站上可以买到。

구입하신 상품의 부품을 어디에서 구할 수 있는지에 관한 질문입니다만, 저희 회사의 홈페이지에서 구할 수 있습니다.

 문의에 대한 구체적인 답변을 쓴 표현이다. '零部件'은 '零件', '配件'과 같은 표현으로 '부속품, 부품'을 나타낸다. 제품에 관한 자세한 문의에 대해 동봉한 설명서를 참고하라고 말하고 싶을 때는 '附上一张详细的说明书，供您参考。'(동봉한 설명서에 자세하게 쓰여 있으므로, 참고해 주세요.)라고 한다.

**Words** ······························································································

• 邮寄 yóujì 우편으로 보내다 • 信函 xìnhán 편지, 서신 • 欣悉 xīnxī 기쁘게 듣다, 기쁘게 알다
• 拥有 yōngyǒu 보유하다, 가지다 • 机械 jīxiè 기계 • 网站 wǎngzhàn 웹사이트

## 각종 예약과 의뢰 관련 표현

- 请您帮我预订10月1日去首尔的机票。
  10월 1일 서울행 항공편 예약을 부탁드립니다.

- 10月1日星期三下午两点，以洪吉童先生的名义可以预订一个会议场吗？与会人数可能有30多名。
  10월 1일 수요일 오후 2시에 홍길동 씨 이름으로 회의장을 예약할 수 있습니까? 인원수는 30명 정도로 예상됩니다.

- 我想订购贵公司的产品，请您把产品手册寄给我们。
  귀사의 제품을 주문하고 싶은데, 카탈로그가 있으면 보내 주세요.

- 我想委托贵公司进行设计，请告诉我报价单大概包含哪些内容。
  귀사에 인테리어 디자인을 의뢰하고 싶은데 대략적인 견적수준을 알려 주세요.

### Words
- 预订 yùdìng 예매하다, 예약하다 •名义 míngyì 명의, 명분 •订购 dìnggòu 주문하다 •委托 wěituō 의뢰하다
- 设计 shèjì 설계하다, 디자인하다 •报价单 bàojiàdān 견적서

## Quiz 이런 경우에는 중국어로 어떻게 표현?

**Q1.** 我们对贵公司的产品很感兴趣。希望能够更加了解贵公司的其他产品。
您可以给我们 ▨▨▨ 贵公司的产品手册吗？

귀사의 신제품 관심이 있습니다. 다른 제품에 대해서도 더 알고 싶은데 회사 제품 팜플렛을 보내주실 수 있나요?

**Q2.** 对于我公司销售产品的 ▨▨▨ ，我们在本公司的北京五道口分店里销售该产品。

당사가 판매하고 있는 제품에 대한 문의 말입니다만, 그것은 당사의 베이징 우다코우에서 판매하고 있습니다.

**Q3.** 感谢贵方10月12日发送的信函 ▨▨▨ 我公司的新产品。

이번에 10월 12일자로 저희 회사의 신제품에 대한 문의 메일을 주셔서 감사드립니다.

### Answer
Q1 提供 Q2 询问 Q3 询问

## Exercise 한중 번역 도전!

**Ex1.** 귀사가 선전하고 있는 신제품에 흥미가 있습니다만, 샘플을 보내주실 수 있나요?

**Ex2.** 메일로 문의가 있었던 상품 말인데요, 다음 달 출시 예정입니다.

**Ex3.** 3월 28일자 메일로 받은 질문 말인데요, 그 전에 가지고 계신 기종을 알려 주세요.

137

**Point 1**　혹시나 하는 표현
**Point 2**　"이것만은 기억해 줘요" 표현
**Point 3**　"돌다리도 두드리고 건너라" 표현

비즈니스를 하다 보면 사소한 이해 차이 때문에 생각지도 못한 문제가 생길 수 있다. 더구나 모국어가 아닌 중국어로 비즈니스를 할 경우라면 커뮤니케이션에 문제가 발생하지 않도록 사소한 일이라도 여러 번 확인을 거쳐야 한다. 이 과에서는 프로젝트 진행 과정 속의 확인 메일 표현을 알아보자.

---

发件人　gdhong@mycompany.com

收件人　chunling@yourcompany.com

标题　关于项目的信函

李主任:
　您好!
　承蒙您的照顾，我们一切都好。我想确认上次聚会的内容。我可以理解为共有三家公司将参与此次项目吗?

韩国贸易公司 营业部 洪吉童
TEL：82-2-337-3053
FAX：82-2-337-3054

●●● 프로젝트에 관한 확인 메일

덕분에 잘 지내고 있습니다. 일전의 미팅 내용을 확인하고자 하는데,
이번 프로젝트에 참여하는 회사는 3사라고 생각하면 되겠습니까?

---

## Point 1 혹시나 하는 표현

 '확인 좀 하고 싶은데요'는 我想确认一下

 商务邮件范文 **1**

> 我想确认一下。您是说洪吉童先生也想积极参与该项目吗?
>
> 확인 좀 하고 싶은데요. 홍길동 씨는 이 프로젝트에 적극적으로 참여하고 싶다는 말씀이신가요?

'我想确认一下。'(확인하고 싶어서 그러는데요~)로 혹시나 오해가 없는지 확인하고 싶을 때 쓰는 표현이다. '为了再确认，我给您发了这封邮件。'(확인 차 메일드립니다.)이라고도 표현할 수 있다.

 商务邮件范文 **2**

> 我想确认上次聚会的内容。我可以理解为共有三家公司将参与此次项目吗?
>
> 일전의 미팅 내용을 확인하자면, 이번 프로젝트에 참여하는 회사는 3사라고 생각하면 되겠습니까?

 어떤 내용을 본인이 정확하게 이해했는지 상대방에게 확인하는 표현이다. '确认'은 '확인하다'라는 뜻으로 '确认人数'(인수를 확인하다), '确认用处'(용처를 확인하다), '确认真假'(진위를 확인하다) 등 다양하게 사용된다. '我可以理解为~吗?'는 '~로 이해해도 괜찮습니까?'란 의미로 자주 쓰는 표현이다.

商务邮件范文 **3**

> 您委托A公司专门处理新产品的宣传业务。是这样，对吗?
>
> 신제품의 선전은 A사에 전면적으로 맡긴다는 내용으로 이해했습니다만, 맞습니까?

 '是这样，对吗?'(이렇게 이해해도 괜찮습니까?)외에 '我可以这样理解吗?', '我这么理解对吗?', '我这样理解对吗?'라고 해도 된다.

## Words

- 积极 jījí 적극적이다 • 参与 cānyù 참여하다 • 理解 lǐjiě 이해하다, 알다 • 用处 yòngchu 용처, 용도 • 真假 zhēnjiǎ 진위
- 委托 wěituō 의뢰하다 • 宣传 xuānchuán 홍보하다, 선전하다

## Point **2** "이것만은 기억해 줘요" 표현

 상대가 잊지 않도록 무언가를 알려주고 싶을 때는
请您记住~ 또는 请您千万不要忘记

商务邮件范文

**这是为了确认**聚会地点变更**而给您发的邮件**。请您记住聚会地点从二层会议室更改为五层会议室。

미팅 장소 변경의 확인을 위한 메일입니다. 2층 회의실에서 5층 회의실로 변경되었습니다.

 '这是为了确认~, 给您发的邮件.'(~의 확인을 위한 메일입니다)은 상대가 잊지 않도록 정보를 제공하는 형태로 넌지시 확인시켜 주는 표현이다.

商务邮件范文

在明天与A公司举行的项目会议上，我们只用英语来对话。
请您千万不要忘记这一点。

내일 A사와의 프로젝트 회의에서는 영어가 공용어라는 사실을 잊지 않도록 해주세요.

 상대가 잊지 않도록 재차 정보를 알려줄 때 쓰는 표현으로 사내 메일에서 쓸 수 있는 표현이다. 이외에 '我们决定~, 请您对此加以注意。'(~하기로 결정하였으므로, 주의해 주세요.)라고 말할 수 있다.

商务邮件范文

**不知您是否知道**, 金部长因去海外出差而不能参加会议。

알고 계시리라고 생각합니다만, 김 부장님이 해외 출장이라 회의에 참석할 수 없다는 점을 일단 알려드립니다.

 상대방이 알고 있는 사실을 기억하고 있는지 걱정이 되어 재차 확인할 때 쓰는 표현 중 하나다.

---

**Words**
• 记住 jì zhù 기억하고 있다 • 千万 qiānwàn 제발, 부디 • 忘记 wàngjì 잊어버리다 • 变更 biàngēng 변경하다
• 更改 gēnggǎi 바꾸다, 변경하다 • 海外出差 hǎiwài chūchāi 해외출장

## Point **3** "돌다리도 두드리고 건너라" 표현

 只是再确认一下。 로 말을 꺼낸다

**我只是再确认一下。** 您是否已收到了聚会日期从10月17日更改为10月20日星期一的通知?

확인입니다만, 미팅의 날짜가 10월 17일에서 10월 20일 월요일로 변경되었다는 연락은 들으셨는지요?

 '只是再确认一下。'는 '그런 사실을 알고 있다'라고 생각해서 그 사실을 전제로 다음 이야기를 하는 경우에 쓰는 표현이다. '谁跟您联系了吗?', '您是否收到~的联络了?'(누군가 연락은 들으셨는지요?, 누군가 당신에게 연락했습니까?) 등 다양하게 말할 수 있다.

**我们希望确认一下**3月20日聚会的**主要内容。** A公司也将参与该项目,对吗?

3월 20일 미팅의 주요 논점을 확인하고자 합니다만, 이번 프로젝트에 A사도 참가한다는 내용이지요?

 미팅의 주요 논점을 확인하는 식으로 내용을 다시 한 번 전달하는 표현이다. 미팅이 끝난 후에 회의 내용을 요약할 때는 '总结一下此次聚会的主要内容~'(미팅 내용을 정리하자면~)과 같이 표현한다.

您希望在下个星期的聚会上做简单的演示。**我可以这样理解吗?**

다음 주 미팅에서 간단한 프레젠테이션을 하고 싶으시다는 의미로 생각하면 되겠습니까?

 '이렇게 생각하면 되겠습니까?'을 의미하는 '我可以这样理解吗?'는 상대방에게 납득이나 양해를 구하면서 내용을 확인하는 표현이다. '您同意参加今年的项目。我可以这样理解吗?'(올해의 프로젝트 참가에 찬성한다고 생각해도 되겠습니까?)와 같이 쓴다.

---

**Words** ·····················································································································
• 确认 quèrèn 확인하다 • 联系 liánxì 연락하다 • 联络 liánluò 연락하다, 소통하다 • 演示 yǎnshì 프레젠테이션

## 답장을 재촉하는 표현

답장을 재촉하는 다양한 표현을 알아보자. '马上', '立刻'는 받은 즉시 답장을 요구하고 싶을 때, 이번 주 중에 받고 싶을 때는 '这个星期内', 오늘 중에 받고 싶을 때는 '今天内'를 쓴다.

- 我们还没有收到我方7月11日信函的回复。若您已查阅邮件就请立刻跟我们联系。
  7월 11일에 보낸 메일의 답장이 아직 없습니다만, 확인하시면 바로 연락주세요.

- 我们还没有收到我方7月11日信函的回复。希望您在这个星期内给我们答复。谢谢。
  7월 11일에 보낸 메일의 답장이 아직 없습니다만, 이번 주 내로 답장 주세요. 감사합니다.

### Words

- 马上 mǎshàng 곧, 바로 •立刻 lìkè 즉시, 바로 •信函 xìnhán 편지, 서한 •回复 huífù 답장하다 •查阅 cháyuè 찾아서 읽다
- 答复 dáfù 답변하다, 회답

## Quiz 이런 경우에는 중국어로 어떻게 표현?

**Q1.** _____。您是说洪吉童先生也想积极参与该项目吗？
확인하고 좀 싶은데요. 홍길동 씨는 이 프로젝트에 적극적으로 참여하고 싶다는 말씀이신가요?

**Q2.** 这是为了确认 _____ 变更, 给您发的邮件。请您记住聚会地点从二层会议室更改为五层会议室。
미팅 장소 변경의 확인을 위한 메일입니다. 2층 회의실에서 5층 회의실로 변경되었습니다.

**Q3.** 我只是再 _____。您是否已收到聚会日期从10月17日更改为10月20日星期一的通知？
확인입니다만, 미팅의 날짜가 10월 17일에서 10월 20일 월요일로 변경되었다는 연락은 들으셨는지요?

### Answer

Q1 我想确认一下 Q2 聚会地点 Q3 确认一下

## Exercise 한중 번역 도전!

**Ex1.** 일전의 프로젝트 회의의 내용을 확인하겠는데요. 귀사도 참가 의사가 있다고 생각하면 됩니까?

**Ex2.** 회의실 사용허가를 받는 것을 잊지 않도록 해 주세요.

**Ex3.** 홍길동 씨는 3월 5일부터 10일까지 상하이에 체류하실 예정이라고 생각하면 되겠습니까?

### Answer

**Ex1** '~을 확인하자면'은 我想确认一下~

我想确认一下上次项目会议的内容。贵公司也要参加该项目。我可以这么理解吗?

'我想确认一下~'(~을 확인하자면)는 상대방에게 확인을 구하는 기본 표현이다.

**Ex2** '잊지 않도록 해 주세요'는 请您记住~ 또는 请您千万不要忘记

请您记住你们会收到会议室使用许可。

'请您记住~', '请您千万不要忘记'는 상대의 기억을 환기시키고 싶을 때 쓴다. 예를 들면 '请您不要忘记办手续'(수속을 잊지 않도록), '请您不要忘记申报'(신고를 잊지 않도록), '请您记住要带上收据'(영수증을 잊지 않도록)와 같다.

**Ex3** '이렇게 생각하면 되겠습니까?'는 我可以这样理解吗?

洪吉童先生将从3月5日到10日停留在上海。我可以这样理解吗?

'我可以这样理解吗?', '我这么理解对吗?', '我这样理解对吗?'(이렇게 생각하면 되겠습니까?)는 자신의 생각이 맞는지 확인하는 표현이다.

**Point 1** 문제점을 콕 찍어 알리는 효과적 패턴
**Point 2** 마감기간 연장을 요청하는 효과적 패턴
**Point 3** 일의 중지를 알리는 효과적 패턴

일을 진행하다 보면 어떤 일이든 문제 상황에 직면하게 된다. 이 과에서는 프로젝트에 문제가 발생했을 때 쓸 수 있는 표현을 알아보자.

| 发件人 | gdhong@mycompany.com |
| --- | --- |
| 收件人 | chunling@yourcompany.com |
| 标题 | 关于项目进展情况的信函 |

李主任:
　您好!
　我是韩国贸易公司的洪吉童。最近项目进展有所缓慢。
　希望您在7月30日之前找到问题根源后通知我们。


韩国贸易公司 营业部 洪吉童
TEL：82-2-337-3053
FAX：82-2-337-3054


●●● 프로젝트 진행 상황 건

　　한국 무역회사의 홍길동입니다. 프로젝트 진행이 늦어지고 있습니다.
　　7월 30일까지 문제점을 파악해서 보고해 주세요.

**Point 1** 문제점을 콕 찍어 알리는 효과적 패턴

@ '진행이 늦어지고 있습니다'는 进展有所缓慢

商务邮件范文 **1**

最近项目进展有所缓慢。希望您在5月20日之前找到问题根源后通知我们。

프로젝트 진행이 늦어지고 있습니다. 5월 20일까지 문제의 원인을 파악해서 보고해 주세요.

 일의 진행이 늦어지고 있다는 것을 알리는 기본 표현이다. '最近项目进展有所缓慢, 要推迟了一个月。'(프로젝트 진행이 1개월이나 늦어지고 있습니다.)와 같이 일이 늦어지는 상태에 대해 구체적으로 말하며 시작할 수도 있다.

商务邮件范文 **2**

对于追加派遣一事, 为了调整公司之间的立场, 可能需要很长的时间。

파견을 추가하는 건 말입니다만, 회사 간의 의견 조정에 상당한 시간이 걸릴 것 같습니다.

 '为了~, 可能需要很长的时间。'(~하는 데 시간이 걸릴 것 같습니다.)은 시간이 지체될 것 같다는 사실을 간접적으로 전달하는 표현이다.

商务邮件范文  **3**

如果您给我更多的时间, 我将更加彻底地进行市场调查后提出可行性的解决办法。

조금 더 시간을 주시면, 시장조사를 철저하게 해서 보다 실현 가능한 해결책을 제안할 수 있습니다만.

 상대방에게 시간적인 여유를 요청하고 싶을 때 쓸 수 있는 표현이다. '您可不可以给我更多的时间, 让我做~'(~하는 데 조금 더 시간을 주실 수 있으십니까?)라고도 한다.

**Words**
- 进展 jìnzhǎn 진전 • 缓慢 huǎnmàn (속도가)느리다 • 根源 gēnyuán 근본 원인 • 推迟 tuīchí 연기하다 • 派遣 pàiqiǎn 파견하다
- 调整 tiáozhěng 조정하다, 조절하다 • 立场 lìchǎng 입장 • 彻底地 chèdǐde 철저하게 • 市场调查 shìchǎng diàochá 시장 조사
- 可行性 kěxíngxìng 실행 가능성, 타당성 • 解决办法 jiějué bànfǎ 해결책

145

**Point 2** 마감기간 연장을 요청하는 효과적 패턴

 '만약 가능하다면'은 如果可以的话 또는 如果情况允许

商务邮件范文 **1**

虽然新产品的制作已经接近尾声了。但如果可以的话，请您再给我们10天的时间。

이 신제품은 완성 막바지이긴 합니다만, 만약 가능하다면 앞으로 10일간 시간을 주셨으면 합니다.

 '但如果可以的话，请您再给我们~的时间。'(만약 가능하다면 ~의 시간을 주셨으면 합니다.)은 넌지시 시간을 연장해 달라고 요청할 때 쓴다. '조금만 더 시간을 주시겠습니까?'라고 말하고 싶을 때는 '请您再给我们多一点的时间.', '请您再给我们留一些时间.'이라고 한다.

商务邮件范文 **2**

对于现在开展的项目，希望您把截止日期延迟一个月。谢谢。

현재 진행 중인 프로젝트 건 말입니다만, 마감을 1개월 연장해 주시면 고맙겠습니다.

 '希望您把截止日期延迟~。谢谢。'(~만큼 연장해 주시면 기쁘겠습니다.)는 마감을 연장해 달라고 요청할 때 쓴다. '마감 기간을 연장하다'는 '延迟截止日期'를 쓴다. '3개월 연장을 허락해 달라'고 부탁하고 싶다면 '希望今后截止日期延迟三个月.', '마감을 4월16일까지 연장할 수 있습니까?'는 '希望截止日期延迟至4月16日.'를 쓴다. '마감 기간을 지키다'는 '遵守截止日期'라고 한다.

商务邮件范文 **3**

我们采购零部件时需要一些时间。所以我们希望您再给我们一个月的时间。

부품의 조달에 시간이 걸리고 있어서 한 달만 더 시간을 주시겠어요?

 '所以我们希望您再给我们一个月的时间.'(~이므로, 한 달만 더 시간을 주시겠어요?)은 이유를 말하고 연기를 요청하는 표현이다.

**Words** ·····································································································

• 情况 qíngkuàng 상황, 사정 • 允许 yǔnxǔ 허락하다, 동의하다 • 接近 jiējìn 접근하다 • 尾声 wěishēng 결말, 종결
• 截止日期 jiézhǐ rìqī 마감기일 • 延迟 yánchí 연기하다 • 遵守 zūnshǒu 준수하다 • 采购 cǎigòu 구입하다
• 零部件 língbùjiàn 부품

**Point 3 일의 중지를 알리는 효과적 패턴**

 '유감스럽지만'은 有点遗憾，但~ 또는 太可惜了，但~

商务邮件范文 **1**

对于此次项目，有点遗憾，但我们决定中断该项目。

이번 프로젝트입니다만, 유감스럽게도 중단하기로 결정했습니다.

 일의 중지를 알리는 일반적인 표현이다. '遗憾'과 '可惜'는 모두 '섭섭하다, 유감스럽다'라는 뜻이지만 '遗憾'은 발생한 결과가 불만족스러워 상대방에게 미안함을 느낄 때 주로 사용하고 '可惜'는 예기치 못한 일이 발생하여 기회를 놓친 것에 대해 유감스럽다고 말할 때 주로 사용한다.

商务邮件范文 **2**

因出现了意想不到的问题，所以我们要取消此次项目。

예기치 않은 문제가 생겨서 이번 프로젝트는 취소하고자 합니다.

 '因出现了意想不到的问题。'(예기치 않은 문제가 생겨서.)라는 일의 중지를 나타내는 암시하는 문장이다. '프로젝트 취소'는 '取消项目' 외에도 '中断项目'를 써서 표현할 수 있다. 잠시 프로젝트가 연기됨을 알릴 때는 '暂时'(잠시)를 넣어 '因出现了意想不到的问题，所以我们暂时延迟了该项目.'(예기치 못한 문제가 발생하여, 이번 프로젝트는 잠시 연기하고자 합니다.)라고 한다.

商务邮件范文 **3**

我们有消息要通知您。此次聚会被取消了，所以10月1日星期二上午10点我们可以不用会议室。

알려드립니다. 이번 미팅이 취소된 관계로 10월 1일 화요일 오전 10시 회의실 사용이 불필요하게 되었습니다.

 '我们有消息要通知您。'(알려드립니다.)을 먼저 써서 말을 전달할 수도 있다. '주최 측의 사정에 의해 취소됐다'고 말하고 싶을 때는 '因主办单位有事而被取消.'를 쓴다. '原因'는 '연유, 이유'라는 뜻으로 '因为什么原因'(무슨 까닭에), '不知道是什么原因'(어찌 된 영문인지를 모르겠다) 등 다양하게 사용된다.

**Words**
- 遗憾 yíhàn 유감이다 • 可惜 kěxī 섭섭하다, 유감스럽다 • 中断 zhōngduàn 중단하다
- 意想不到 yìxiǎngbúdào 예기치 못했던, 상상하지 못한 • 暂时 zànshí 잠시

147

### '~은 어려워 보입니다'라는 표현의 다양한 쓰임

어떤 문제점을 전달할 때 편리하게 쓸 수 있는 말은 '依我看来，很难~', '看起来，很难~'으로. 넌지시 문제점을 전달할 수 있다는 이점이 있는 표현이다.

- **依我看来，到明天内很难做完报价单。**
  내일까지 견적서를 완성시키는 것은 어려워 보입니다.
- **依我看来，在本月内很难完成该项目。**
  이번 달 안에 이 프로젝트를 완성하는 것은 어려워 보입니다.
- **依我看来，您很难跟中国贸易公司社长见面。**
  중국 무역회사 사장님을 만나 뵙기 어려워 보입니다.

**Words** ⋯⋯⋯⋯⋯⋯⋯⋯⋯⋯⋯⋯⋯⋯⋯⋯⋯⋯⋯⋯⋯⋯⋯⋯⋯⋯⋯⋯⋯⋯⋯⋯⋯⋯⋯⋯⋯⋯⋯⋯⋯⋯⋯⋯⋯⋯⋯⋯
- 依我看来 yīwǒkànlái 제가 보기에는 · 报价单 bàojiàdān 견적서 · 完成 wánchéng 완성하다 · 社长 shèzhǎng 사장

## Quiz 이런 경우에는 중국어로 어떻게 표현?

**Q1.** 最近项目进展有所 ▢▢▢ 。希望您到5月20日之前找到 ▢▢▢▢▢ 后通知我们。
프로젝트 진행이 늦어지고 있습니다. 7월 30일 안에 문제의 원인을 파악해서 보고해 주세요.

**Q2.** 虽然新产品制作接近 ▢▢▢ 了，但如果可以的话，请您再给我们10天的时间。
이 신제품은 완성 막바지이긴 합니다만, 만약 가능하다면 앞으로 10일간 시간을 주셨으면 합니다.

**Q3.** 对于此次项目，有点 ▢▢▢ ，但我们决定中断该项目。
이번 프로젝트입니다만, 유감스럽게도 중단하기로 결정했습니다.

**Answer** ⋯⋯⋯⋯⋯⋯⋯⋯⋯⋯⋯⋯⋯⋯⋯⋯⋯⋯⋯⋯⋯⋯⋯⋯⋯⋯⋯⋯⋯⋯⋯⋯⋯⋯⋯⋯⋯⋯⋯⋯⋯⋯⋯⋯⋯⋯⋯⋯
Q1 缓慢, 问题根源 Q2 尾声 Q3 遗憾

## Exercise 한중 번역 도전!

**Ex1.** 이번 프로젝트의 진행이 늦어지고 있습니다. 이달 말까지 보고서를 만들어 제출해 주세요.

**Ex2.** 우리 프로젝트 팀도 빨리 마무리하는데 전력을 다하고 있습니다. 일주일만 시간을 더 주시겠습니까?

**Ex3.** 내일 미팅은 취소되었으므로, 회의실 사용은 불필요하게 되었습니다.

### Answer

**Ex1** '진행이 늦어지고 있습니다'는 进展有所缓慢

此次项目进展有所缓慢。请您直到本月底写完报告书后交给我们。

'이달 말'은 '本月底'라고 한다. '이달 초'는 '本月初'라고 한다. 만약 '다음 달 초순'이라고 표현하고 싶을 때는 '下个月上旬'이라고 하면 된다.

**Ex2** '시간을 더 주시겠습니까?'는 请您再给我们~的时间。

我们项目小组全力以赴地去完成自己的任务。请您再给我们一个星期的时间。

'일주일만' 시간을 더 내달라고 표현하고 싶을 때는 '一个星期' 혹은 '一周'로 말할 수 있다. '전력을 다하다'는 '全力以赴', '竭尽全力', '不遗余力'라는 표현을 쓴다.

**Ex3** '중지되었습니다'는 被取消了 또는 被中断了

据悉明天的聚会日程被取消了。我们可以不必使用会议室了。

'据悉'는 '아는 바로는'의 뜻으로 뒤에는 어떠한 정보가 나온다. '不必'는 '~할 필요 없다'로 '不用'과 같은 뜻을 가지고 있다.

# 每天10分钟，
# 让您轻松成为中文商务邮件达人！

**10분 투자로 메일의 달인 되는 법**

성공적 비즈니스는 인간관계에서, 인간관계는 이해관계에서 출발한다고 해도 과언이 아니다. Part6 에서는 호의를 전할 때, 어떤 일이나 정보, 조언을 구할 때 등 비즈니스 상에서 마음을 주고받는 표현을 알아보자.

의뢰편  # Part 6

**Point 1** 호의에 감사하는 마음을 전하는 표현
**Point 2** 일의 결과에 만족함을 나타내는 표현
**Point 3** 축하 메시지를 전달하는 표현

고마움은 말로 표현하지 않으면 상대방이 모를 수도 있다. 이 과에서는 호의를 받으면 고마움을, 일의 결과가 좋으면 만족감을, 경사스런 일이 있으면 축하하는 마음을 전하는 등 서로 좋은 관계를 유지하기 위해 도움이 되는 표현을 알아보자.

| 发件人 | gdhong@mycompany.com |
|---|---|
| 收件人 | chunling@yourcompany.com |
| 标题 | 合同更新信函 |

李主任:
　您好!
　承蒙您的照顾，我们一切都好。非常感谢上次您给我介绍A公司的总裁。
　得益于您的建议，我能够顺利地签定了合同。


韩国贸易公司 营业部 洪吉童
　TEL：82-2-337-3053
　FAX：82-2-337-3054




●●● 계약갱신 건

　덕분에 잘 지내고 있습니다. 일전에는 A사 사장님을 소개해 주셔서 정말로 감사드립니다.
　여러 가지 조언을 해 주신 덕에 계약이 잘 진행되었습니다.

## Point ① 호의에 감사하는 마음을 전하는 표현

 非常感谢~로 상대방에게 고마움을 표현

**1**

**非常感谢**上次您给我介绍A公司的总裁。得益于此，我能够顺利地签定了合同。

A사 사장님을 소개해 주셔서 정말로 감사드립니다. 덕분에 계약이 잘 진행되었습니다.

 '非常感谢~'외에 '对于~，我向您表示衷心的感谢.'(~해 주신데 대해 정말로 감사드립니다.)라는 상대의 호의에 고마움을 표시하는 정중한 표현을 사용한다.

**2**

**对于**更新此次合同，我非常感谢您向我提出了很多建议。

이 계약을 갱신하는 데 있어서 귀하께서 여러 조언을 해 주셔서 고맙게 여기고 있습니다.

 상대방의 배려에 감사함을 나타내는 기본 표현이다. '~하는데'는 '对于~'로 표현할 수 있다. '여러 가지 ○○을 해 주셔서 감사하게 생각하고 있습니다'는 '我非常感谢您向我提出了○○.'라고한다. ○○자리에는 '建议'(건의, 제안)대신에 '意见'(의견), '忠告'(충고), '劝告'(제안, 권고) 등 다양한 표현이 올 수 있다.

**3**

您平时帮我很多忙，非常谢谢您。

여러 가지로 신세를 져서 고맙게 생각하고 있습니다.

 '여러 가지로 신세를 지다.'는 '帮我很多忙' 또는 '承蒙您的照顾'로 쓴다.

---

**Words** ··················································································
- 总裁 zŏngcái (기업의)총수 • 得益于 déyìyú ~덕분이다 • 顺利地 shùnlìde 순조롭게
- 签定合同 qiāndìng hétong 계약을 체결하다 • 承蒙 chéngméng (보살핌을)받다, 입다 • 照顾 zhàogù 돌보다, 보살피다

'~에 대단히 만족해하고 있습니다'는 对于~我感到很满意 또는
关于~我感到很满意

商务邮件范文 **1**

关于贵公司所开发的机械性能，我非常满意。
귀사가 개발한 기계의 성능에 대단히 만족해하고 있습니다.

 상대방의 일이나 업적에 만족감을 나타내면서 칭찬하는 표현이다. '对于贵公司所做的演示，我感到很满意。'(귀사의 프레젠테이션에 만족하고 있습니다.)와 같이 응용해서 쓰면 된다.

商务邮件范文 **2**

对于新项目一事，我认为您的创意很了不起。
신프로젝트 건 말입니다만, 당신의 아이디어는 굉장하다고 생각합니다.

'我认为~很了不起。'(~는 굉장하다고 생각합니다.)라는 표현을 써서 상대방을 칭찬하는 표현이다. 보통 '아주 좋다고 생각한다'는 '很棒', '很出色' 등을 쓴다.

商务邮件范文 **3**

对于此次项目贵公司所做的演示，让我实在钦佩不已。
이번 프로젝트에 대한 귀사의 프레젠테이션에 감탄했습니다.

 '让我佩服~'(~에 감탄했습니다)는 칭찬 중에서 최대의 칭찬이라고 할 수 있다. '佩服'외에 '感叹', '钦佩'를 사용할 수 있다. 위 문장은 '贵公司彻彻底底地进行市场调查的态度，实在让我钦佩不已。'(귀사의 시장조사의 철저한 모습에 감탄했습니다.)와 같이 응용할 수 있다.

**Words**
• 满意 mǎnyì 만족하다 • 演示 yǎnshì 프레젠테이션 • 创意 chuàngyì 창조적인 의견 • 了不起 liǎobùqǐ 보통이 아니다, 뛰어나다
• 出色 chūsè 대단히 뛰어나다 • 佩服 pèifú 탄복하다, 감탄하다 • 不已 bùyǐ ~해 마지않다 • 感叹 gǎntàn 탄식하다, 감탄하다
• 钦佩 qīnpèi 탄복하다

**Point 3** 축하 메시지를 전달하는 표현

 '축하드립니다'는 真是恭喜恭喜! 또는 向您表示热烈祝贺!

商务邮件范文 **1**

听说，您晋升为部长。真是恭喜恭喜!

부장으로 승진하셨다면서요. 축하드립니다.

 '听说您~，真是恭喜恭喜!'(~하게 됐다면서요. 축하드립니다)는 상대방의 경사스러운 일을 들었을 때 쓰는 기본 표현이다. '승진'은 '晋升', '升职', '升迁'이라 말하고 '승진을 축하드립니다'는 '恭喜 您升职!', '恭喜升迁!', '恭喜高升!', '恭贺您乔迁之喜!', '听到你晋升的消息, 我感到很高兴.' 등 다양한 표현이 있다.

商务邮件范文  **2**

听到洪吉童先生将加入我们开发组的消息后，大家都很高兴。

홍길동 씨가 우리 개발팀에 참여하신다는 소식을 듣고 모두가 기뻐하고 있습니다.

 '听到~的消息后, 大家都很高兴.'(~라는 소식을 듣고 모두가 기뻐하고 있습니다.)이라는 표현을 써서 좋은 소식을 들었을 때의 기쁜 마음을 나타낼 수 있다.

商务邮件范文 **3**

我谨代表我公司，对您的升职表示热烈的祝贺。

저희 회사를 대표해서 귀하의 승진을 진심으로 축하드립니다.

 단순한 축하인사가 아닌 누군가를 대표해서, 혹은 대신해서 축하인사를 하는 표현이다. 'ㅇㅇ을 대표해서'로 말할 때는 '谨代表ㅇㅇ'를 쓰고, 'ㅇㅇ을 대신해서'란 의미로 쓸 때는 '替老板'(사장님을 대신해서)과 같이 '替ㅇㅇ'을 사용한다.

**Words**
- 恭喜 gōngxǐ 축하하다 • 祝贺 zhùhè 축하하다, 경하하다 • 晋升 jìnshēng 승진하다 • 升职 shēngzhí 승진하다
- 升迁 shēngqiān 높은 지위로 오르다 • 高升 gāoshēng 승진하다, 높아지다

# In More Depth 한걸음 더

## 상대방에게 좋지 않은 소식을 들었을 때 쓰는 표현

지금까지는 경사스러운 소식이나 일의 결과를 축하하는 인사말을 알아봤다면 이번에는 좋지 않은 소식을 들었을 때 쓸 수 있는 위로 표현을 알아본다.

---

- 听到洪吉童先生将辞职的消息后，我感到有点遗憾。
  홍길동 씨가 회사를 그만두신다는 소식을 듣고 매우 유감스럽게 생각하고 있습니다.

- 听说，这次台风给贵公司带来很大的打击。听到这个消息后，我们心理都感到很难过。希望贵公司早日重建。
  귀사가 태풍에 의해 심한 피해를 입었다는 소식을 듣고, 직원들과 함께 마음 아파하고 있습니다. 빠른 복구를 바랍니다.

---

### Words
- 辞职 cízhí 사직하다 • 遗憾 yíhàn 유감이다 • 台风 táifēng 태풍 • 难过 nánguò 슬프다, 괴롭다 • 重建 chóngjiàn 재건하다

---

## Quiz 이런 경우에는 중국어로 어떻게 표현?

**Q1.** 非常 ▨▨ 上次您给我介绍A公司的总裁。得益于此，我能够 ▨▨ 地签定了合同。
A사 사장님을 소개해 주셔서 정말로 감사드립니다. 덕분에 계약이 잘 진행되었습니다.

**Q2.** 关于贵公司所开发的机械性能，我感到非常 ▨▨ 。
귀사가 개발한 기계의 성능에 대단히 만족해하고 있습니다.

**Q3.** 听说，您晋升为部长。真是恭喜 ▨▨ ！
부장으로 승진하셨다면서요. 축하드립니다.

---

### Answer
Q1 感谢, 顺利 Q2 满意 Q3 恭喜

## Exercise 한중 번역 도전!

**Ex1.** 소프트웨어 관련해서 귀하께서 여러 가지 조언을 해 주셔서 고맙게 생각하고 있습니다.

**Ex2.** 불과 1년 만에 귀사가 업계 1위가 되었다는 점에 매우 감탄했습니다.

**Ex3.** 우리 회사를 대표해서 귀사의 창립 50주년을 진심으로 축하드립니다.

### Answer

**Ex1** 상대방의 호의에 고맙다는 인사 표현은 非常感谢~ 또는 对于~, 我向您表示衷心的感谢

我们非常感谢您对软件提出了很多建议。 또는 对于您对软件提出的很多建议, 我们向您表示衷心的感谢。
'非常感谢~' 또는 '对于~, 我向您表示衷心的感谢'라는 기본 표현을 쓸 수 있다.

**Ex2** 칭찬의 뜻을 포함한 '감탄했다'는 让我佩服~

贵公司在短短一年的时间里成为了这一行业的龙头企业。这让我足以佩服不已。
'佩服'는 어떤 훌륭한 행동이나 뛰어난 기량에 마음이 움직이는 것을 의미한다. '足以'는 '충분히 ~할 수 있다, ~하기에 족하다'라는 뜻으로 '足以佩服不已'를 직역하면 '감탄하기 충분하다, 충분히 탄복할 수 있다.'가 된다.

**Ex3** '축하인사를 드립니다'는 真是恭喜恭喜! 또는 向您表示祝贺!

我谨代表我公司, 向迎来创立50周年的贵公司表示祝贺。
'축하드립니다'는 '真是恭喜恭喜!', '向您表示祝贺!'라고 하고, '祝贺'앞에 '由衷', '衷心'을 붙여 '向您表示衷心的祝贺。', '向您表示由衷的祝贺。'(진심으로 축하드립니다.)라고 하여 더 깊은 마음을 전달할 수도 있다.

# 어떠한 것을 요구할 때 메일 쓰기

**Point 1** 소망이나 협조를 부탁하는 패턴
**Point 2** "~해 주세요" 패턴
**Point 3** "즉시 ~해 주세요" 패턴

상대방에게 무엇인가를 요구할 때는 '~해 주세요'란 직접적인 표현보다는 '~해 주시면 감사하겠습니다'와 같은 완곡한 표현이 더 효과적이다. 물론 한시가 급한 경우라면 절박감을 전달하여 빠른 대응을 요구할 필요도 있을 것이다. 이 과에서는 일반적인 부탁, 약간 에둘러서 소망을 표현하는 방법, 절박한 상황에서 재촉하는 표현을 배워 보자.

---

**发件人** gdhong@mycompany.com

**收件人** chunling@yourcompany.com

**标题** 委托资料信函

---

李主任:
　您好!
　我是洪吉童。希望您对搜集有关海外营销的资料给予大力配合。谢谢。
　相信这会给您添很多麻烦，但希望请您能多多关照。


韩国贸易公司 营业部 洪吉童
　TEL：82-2-337-3053
　FAX：82-2-337-3054


●●● 자료의뢰 건

　　홍길동입니다. 해외 마케팅에 필요한 자료를 입수하는데 협조해 주시면 고맙겠습니다.
　　바쁘신 중에 번거로우시겠지만, 아무쪼록 잘 부탁드립니다.

## Point 1 소망이나 협조를 부탁하는 패턴

@ 希望您对~给予大力配合로 완곡하게 협조를 구한다

商务邮件范文 **1**

**希望您对**搜集有关海外营销的资料**给予大力配合。谢谢。**
해외 마케팅에 필요한 자료를 입수하는데 협조해 주신다면 고맙겠습니다.

'~해주시면 고맙겠습니다'라고 완곡하게 협조를 구할 때는 '希望您对~给予大力配合'를 쓴다.
'希望您同意我们公司的方针。谢谢。'(저희 회사의 방침에 동의해 주신다면 감사드리겠습니다.)와 같이 응
용할 수 있다.

商务邮件范文 **2**

**不知您能否支持**我所构想的新事业。
제가 생각한 새로운 사업을 도와주실 수 있겠습니까?

'不知您能否支持~', '不知您能否帮助~'는 '~을 도와주실 수 있겠습니까?'로, 완곡하게 협조를
부탁할 때 쓴다.

商务邮件范文 **3**

**明天可能人手不足。所以不知您能否派一些人到我们部门。**
내일 일손이 부족해서 누군가 우리 부서로 보내주시면 좋겠는데요?

'~해 주시면 큰 도움이 될 것 같습니다. 감사합니다.'라고 표현하고 싶을 때는 '若您做~, 这将
会给我们带来很大帮助。'를 쓴다. '人手不足'는 '일손이 부족하다'로 관용적으로 쓰는 표현이다.
협조를 부탁하는 표현이므로 뒤에는 '怎么样?'(어떠세요?)라든지 '我可以拜托您一下吗?'(부탁해도 될
까요?)와 같은 말이 올 수 있다.

**Words** ·······························································································
• 给予 jǐyǔ 주다 • 大力 dàlì 힘껏, 강력하게 • 配合 pèihé 협동하다 • 搜集资料 sōují zīliào 자료를 수집하다
• 营销 yíngxiāo 마케팅하다 • 方针 fāngzhēn 방침 • 构想 gòuxiǎng 구상하다 • 人手不足 rénshǒubùzú 일손 부족하다
• 拜托 bàituō 부탁드립니다

**Point 2** "～해 주세요" 패턴

 보통 하는 부탁이라면 请您~

商务邮件范文 **1**

请您把明年的事业计划表发给我们。

> 내년도 사업계획표를 보내주세요.

 보통 때 하는 부탁이라면 '请您~'으로 쓴다. '～해주길 바랍니다'라면 '希望您~', '～해 주시길 간절히 청합니다.'이라고 좀 더 정중하게 의뢰한다면 '我们恳切地请求您~'로 말할 수 있다.

商务邮件范文 **2**

由于在中国不能搜集到该资料。所以我希望你能在邮件中附上该资料。谢谢。

> 그 자료는 중국에서는 입수할 수 없으므로 메일로 첨부해서 보내주시면 감사하겠습니다.

 '由于~，所以我希望~。谢谢。'(～하므로 ～해 주신다면 감사하겠습니다.)는 이유를 밝히며 의뢰할 때 쓰는 표현이다. '希望您能够给我发邮件。谢谢。'(메일 주시면 감사하겠습니다.)도 알아두면 편리한 표현이다.

商务邮件范文 **3**

我也需要这个企划书，不知您能否发邮件给我。

> 그 기획서는 저도 필요하니 제게도 메일을 보내주시겠습니까?

 '不知您能否发邮件给我。'(제게도 메일을 보내주시겠습니까?)는 가장 흔히 쓸 수 있는 기본 표현이다.

---

**Words** ⋯⋯⋯⋯⋯⋯⋯⋯⋯⋯⋯⋯⋯⋯⋯⋯⋯⋯⋯⋯⋯⋯⋯⋯⋯⋯⋯⋯⋯⋯⋯⋯⋯⋯⋯⋯⋯⋯

• 事业 shìyè 사업 • 计划表 jìhuàbiǎo 계획표 • 恳切地 kěnqiède 간절하게 • 请求 qǐngqiú 요청하다, 요구하다
• 附上 fùshàng 첨부하다 • 企划书 qǐhuàshū 기획서

**Point 3** "즉시 ~해 주세요" 패턴

 '즉시 ~해 주세요'는 **请您立刻~**

商务邮件范文 **1**

到下个星期前需要该问卷调查的结果。因此**请您**在结果出来后**立刻告诉我**。

이 앙케트 결과는 다음 주에 필요하므로, 조사해서 결과가 나오는 대로 즉시 알려 주세요.

 '请您立刻告诉我'는 '즉시 알려 주세요'로, 급하게 재촉할 때 쓸 수 있는 표현이다. 이밖에 '一 ~ 就'를 사용해 '请您在结果一出来后，就立刻告诉我。'라고 말할 수 있다.

商务邮件范文 **2**

对于在新技术开发中所出现的问题，**请您立刻解决它**。

신기술 개발 중에 발생한 문제에 대해 즉시 대응해 주실 것을 부탁드립니다.

 '请您立刻解决它。'와 같은 의미로 '请您立刻处理它。'가 있다.

商务邮件范文 **3**

**希望您把**在本月内完成该项目**放在首位处理**。

이 프로젝트를 이번 달 내로 완료하는 것이 급선무입니다.

 '希望你们把~放在首位处理。'(~하는 것이 급선무입니다.)는 재촉의 표현으로 '把~放在首位处理'대 신 '当务之急'를 써서 '您的当务之急是完成该项目。希望您尽快处理它。'(프로젝트 완성이 급선무 입니다. 빠른 진행 부탁드립니다.)와 같이 표현할 수도 있다.

---

**Words**
- 问卷调查 wènjuàndiàochá 설문조사, 앙케트 조사 • 立刻 lìkè 곧, 즉시 • 新技术 xīnjìshù 신기술 • 解决 jiějué 해결하다
- 处理 chǔlǐ 처리하다 • 把~放在首位 bǎ fàngzài shǒuwèi ~를 우선순위에 두다 • 当务之急 dāngwùzhī jí 급선무

## In More Depth 한걸음 더

### 협조를 요청하는 표현

일의 진행 속도가 늦어진다든지 분위기가 다운되어 있을 때는 협조를 요청하는 메일이 분위기 전환의 계기가 될 수 있다. 여기서는 협조를 요청하는 메일 표현을 알아보자.

- 交货时期快要到了。希望大家对此给予大力配合。
  납기까지 앞으로 조금밖에 남지 않았습니다. 여러분의 도움을 바랍니다.

- 该项目快要完成了。希望有关人员对此继续给予配合。
  이 프로젝트의 완성도 이제 얼마 남지 않았으므로, 계속해서 관계자 여러분의 협력을 부탁드립니다.

- 为了项目得到成功，希望您对此继续给予高度关注和配合。
  프로젝트 성공을 위해 지속적인 관심과 협조 부탁드립니다.

**Words**
- 交货 jiāohuò 납품하다, 물품을 인도하다 • 继续 jìxù 계속, 끊임없이 하다 • 关注 guānzhù 주시하다, 관심
- 配合 pèihé 협력하다

### Quiz 이런 경우에는 중국어로 어떻게 표현?

**Q1.** 希望您对搜集有关海外营销的资料给予大力 ▢▢ 。谢谢。
해외 마케팅에 필요한 자료를 입수하는데 협조해 주신다면 고맙겠습니다.

**Q2.** 请您 ▢ 明年的事业计划表发给我们。
내년도 사업계획표를 보내주세요.

**Q3.** 到下个星期前需要该 ▢▢▢ 的结果。因此请您在结果出来后 ▢▢ 告诉我。
이 앙케트 조사 결과는 다음 주에 필요하므로, 조사해서 결과가 나오는 대로 즉시 알려 주세요.

**Answer**
Q1 配合 Q2 把 Q3 问卷调查, 立刻

## Exercise 한중 번역 도전!

**Ex1.** 귀사의 영업부장의 성함과 전화번호를 메일로 보내 주시면 고맙겠습니다.

**Ex2.** 거래처인 A사의 사장님이 입원하셔서, 여러분 중 누군가가 병문안에 가면 좋겠습니다.

**Ex3.** 8월 11일 메일로 받은 프로그램 수정 건 말인데요, 즉시 대응할 것을 부탁드립니다.

### Answer

**Ex1** '~를 보내주신다면 고맙겠습니다'는 请您把~发给我们。谢谢。
请您把贵公司营业部长的姓名和电话号码发给我们。谢谢。
　　'~해 주시면 고맙겠습니다만, 어떠신지요?'는 '请您帮我~, 怎么样?'으로 부드럽게 부탁하는 표현이다.

**Ex2** '~해 주면 좋겠는데~'는 希望~
交易伙伴A公司的总裁最近住院了。希望你们中一个人前去探病。
　　'~해 주면 좋겠는데~'로 부탁하는 표현이다. 이 표현은 '希望现在有一个人马上去人事部。'(지금 바로 인사과에 누군가 가주면 좋겠는데~.), '希望有一个人给顾客进行详细的介绍。'(누군가 손님에게 자세한 설명을 해주면 좋겠는데~.) 등과 같이 응용할 수 있다.

**Ex3** '즉시 ~하도록 부탁드립니다'는 请您立刻~
对于8月11日的邮件中所提及的项目修改内容，请您立刻解决它。
　　'请您立刻解决它。'외에 '请您立刻处理它。'라 말할 수 있다.

**Point 1** 상대방의 자료를 공유하자고 말하는 패턴
**Point 2** 넌지시 정보에 흥미를 보이는 패턴
**Point 3** "정보를 가진 자를 찾아라" 패턴

비즈니스에서 정보 수집은 필수 조건이다. 이 과에서는 동종 업종의 관계자로부터 정보를 얻고자 할 때, 다양한 방법으로 정보를 얻고자 할 때 쓸 수 있는 표현을 알아보자.

| 发件人 | gdhong@mycompany.com |
| 收件人 | chunling@yourcompany.com |
| 标题 | 关于要求智能手机市场调查资料的信函 |

李主任：

您好！

我是洪吉童。我们计划开发新的应用软件。请问，您有什么关于智能手机市场调查的资料吗?若您有什么资料，请寄给我。

谢谢。还请您多多关照。

韩国贸易公司 营业部 洪吉童
TEL：82-2-337-3053
FAX：82-2-337-3054

●●● 스마트폰 시장조사에 관한 자료 요청 건

홍길동입니다. 새로운 어플을 만들고자 합니다. 스마트폰 시장조사에 관한 자료가 있으신가요? 어떤 자료라도 보내 주시면 감사하겠습니다. 잘 부탁드립니다.

**Point 1** 상대방의 자료를 공유하자고 말하는 패턴

 @ '~에 관한 자료'는 关于~的资料

商务邮件范文 1

**您有什么关于**智能手机市场调查**的资料吗?**

스마트폰 시장조사에 관한 자료는 없습니까?

 자료를 요청할 때 쓸 수 있는 일반적인 표현이다. '~에 관한 자료'이란 뜻의 '关于~的资料'는 '有关~的资料'로 바꿔 쓸 수 있다.

商务邮件范文 2

**对于**最近在首尔流行的年轻人服装，**若您有什么资料就请寄给我。谢谢。**

서울에서 최근 유행하고 있는 젊은 사람들의 옷에 관해서 말입니다만, 어떤 자료라도 보내주신다면 감사하겠습니다.

 '若您有什么资料就请寄给我。谢谢。'(어떤 자료라도 제공해 주시면 감사하겠습니다.)는 '什么资料都可以，请您寄给我。'(어떤 자료라도 괜찮으니 보내 주시겠습니까?)로 바꿀 수 있다.

商务邮件范文 3

**对**新产品的宣传方法，**希望您在明天内跟我联系。谢谢。**

신상품의 홍보방법에 대해 내일까지 연락해 주시면 고맙겠습니다.

 자료를 언제까지 보내달라고 요청할 때 쓰는 표현이다. '希望您在明天内跟我联系。'는 '截至到明天我将等待您的联系。'(내일까지 연락기다리겠습니다.)로 바꿔 말할 수 있다.

**Words** ······················································································································
- 智能手机 zhìnéng shǒujī 스마트폰 • 市场调查 shìchǎng diàochá 시장 조사 • 资料 zīliào 자료 • 流行 liúxíng 유행하다
- 年轻人 niánqīngrén 젊은 사람 • 服装 fúzhuāng 의상, 의복 • 宣传 xuānchuán 선전하다, 홍보하다

## Point 2 넌지시 정보에 흥미를 보이는 패턴

### '~에 흥미가 있다'는 对~很感兴趣

商务邮件范文

**1**

我对iPhone应用软件的开发很感兴趣，所以我很想学习它。
希望您能寄给我有关资料。 谢谢。

저는 iPhone 앱 개발에 흥미가 있어 그것을 공부하고 싶습니다. 그에 관한 자료를 보내 주시면 감사하겠습니다.

자료에 흥미를 나타내면서 요청하는 표현이다. '对~很感兴趣。'외에 '我一直对~给予高度关注。'(저
는 계속해서 ~에 큰 관심을 가져왔습니다.)라 쓸 수 있다. '저는 이전부터 ~를 배우고 싶다는 생각을 했습니
다'로 말하고 싶을 때는 '以前我对~很感兴趣。所以我很想学会它。'를 쓴다.

商务邮件范文

**2**

我对贵公司所开发的应用软件很感兴趣。 如果您可以寄给我们详细的资料。
我们将感激不尽。

귀사가 개발한 응용 프로그램에 대해서 흥미가 있습니다. 자세한 정보를 가르쳐 주신다면 감사하겠습니다.

강한 흥미를 나타내며 정보를 가르쳐 달라고 할 때 쓰는 표현이다. '~에 관심이 있어'라고 말하
고 싶을 때는 '我们大力关注~', '我们极为关注~', '我们对~给予了高度关注', '我们把所有目
光放在~上'이라 표현한다.

商务邮件范文

**3**

我接收了要求将在下次公司内进修研讨会上发表关于风险事业论的演讲。
所以需要有关资料。请您把关于去年公司进修的资料寄给我。 谢谢。

다음 사내 연수 세미나에서 벤처비즈니스론에 대해 강의를 요청받아서 관련 자료가 필요합니다.
작년의 사내연수에 관한 자료를 보내 주시면 감사하겠습니다.

자료의 필요성에 대해 충분히 설명한 후 자료를 요청하는 표현이다. '所以~'앞에는 이유를 설
명한다. '所以需要~'로 표현하여 단순한 관심보다 '자료의 필요성'에 중점을 두고 말하고 있다.

**Words** ·······················································································

- 应用软件 yìngyòngruǎnjiàn 응용 소프트웨어, 어플리케이션, 앱 • 开发 kāifā 개발하다 • 详细 xiángxì 상세하다
- 感激不尽 gǎnjībújìn 감격스럽기 그지없다 • 关注 guānzhù 관심을 가지다
- 把目光放在~上 bǎ mùguāng fàngzài shàng ~에 관심을 가지다, ~에 주목하다 • 进修 jìnxiū 연수하다
- 研讨会 yántǎohuì 세미나 • 风险事业 fēngxiǎn shìyè 벤처비지니스 • 演讲 yǎnjiǎng 강연하다, 강연

166 中文商务邮件

## Point 3 "정보를 가진 자를 찾아라" 패턴

 '~에 관해 상세히 알고 있는 분'은 对~有着深入了解的人 또는
有人对~有着深层次理解 또는 对~很熟悉的人

商务邮件范文 **1**

**若您认识对**与贵公司机器有互换性的周边器材**有着深入了解的人，就请介绍给我。**
당사의 기기와 호환성이 있는 주변기기에 대해 상세히 알고 계신 분을 소개시켜 주시겠습니까?

 '对~有着深入了解的人', '有人对~有着深层次理解'(~에 대해 상세히 알고 있는 분)는 정보를 가진 사람을 찾는 표현이다. '请您给我介绍对~有着深入了解的人。'(~에 대해 잘 아는 분을 소개해 주시겠습니까?)으로 말할 때도 있다.

商务邮件范文 **2**

**若您认识对**安全问题**很熟悉的人，就请介绍给我。**
만약 보안 문제에 대해 잘 아는 분을 알고 계시면, 소개해 주시면 감사하겠습니다.

 '若您认识~的人'(만약 ~한 분을 알고 계신다면)은 정보를 알고 있는 사람을 찾는 표현이다. '若您认识这样的人就请告诉我。谢谢。'(만약 아신다면 알려주시면 감사하겠습니다.), '若您知道就请告诉我。这将对我们有很大的帮助。'(만약 아신다면 알려주십시오. 저희에게 큰 도움이 될 것입니다.)라고 응용해서 쓸수 있다.

商务邮件范文 **3**

**如果您认识对**中国的电子产品**非常熟悉的人，就请您介绍给我。**
중국의 전자제품에 대해 누군가 알고 계신 분이 계시면 소개해 주셨으면 합니다.

 누군가 알고 있으면 소개해 달라는 표현이다. '如果~'뒷부분에 조건을 넣어 표현한 예로, '如果您认识对~非常熟悉的人，请您介绍给我。'는 '若您周边有对~深入理解的人，能不能告诉我?'(주변에 ~에 관해 잘 알고 있는 분이 있으시면 소개해 주시겠습니까?)로 바꿀 수 있다.

---

**Words**
- 深入了解 shēnrù liǎojiě 깊이 이해하다 • 深层次 shēncéngcì 심층적 • 理解 lǐjiě 알다, 이해하다
- 熟悉 shúxī 충분히 알다 • 机器 jīqì 기계 • 互换性 hùhuànxìng 호환성 • 器材 qìcái 기자재, 기구 • 安全 ānquán 안전하다
- 电子产品 diànzǐchǎnpǐn 전자제품

## In More Depth 한걸음 더

### 동영상 등 자료 사용의 허락을 받을 때의 표현

취득한 동영상이나 자료나 정보 등을 쓰고 싶을 때 저작권 문제를 언급하는 표현을 알아보자.

- 我们要把该视频上传到我公司的网站上。如果您认为可行的话，希望得到您的使用许可。
  만약 괜찮으시다면, 이 동영상을 저희 회사 웹에 올리기 위한 사용 허락을 받고 싶습니다.

- 希望把该视频上传到我公司的网站上。为了征求您的使用许可，给您发了这封邮件。
  이 동영상을 우리 회사의 웹에 올리고 싶은데, 사용허가를 받고 싶어서 메일을 보냈습니다.

- 把这些照片刊登在企业报刊上，会有什么著作权法律上的问题吗?
  이 사진들을 사보에 게재하는 것에 저작권상 문제가 있습니까?

**Words**
- 视频 shìpín 동영상 • 上传 shàngchuán 업로드하다 • 网站 wǎngzhàn 웹사이트 • 可行 kěxíng 가능하다 • 许可 xǔkě 허가하다
- 征求 zhēngqiú 구하다, 묻다 • 刊登 kāndēng 게재하다 • 报刊 bàokān 신문 · 잡지 등의 간행물 • 著作权 zhùzuòquán 저작권
- 法律 fǎlǜ 법률

### Quiz 이런 경우에는 중국어로 어떻게 표현?

**Q1.** 您有什么 ⬜⬜⬜ 智能手机市场调查的资料吗?

스마트폰 시장조사에 관한 자료는 없습니까?

**Q2.** 我对贵公司所开发的应用软件很 ⬜⬜⬜ 。请您把详细的资料寄给我们。谢谢。

귀사가 개발한 응용 프로그램에 대해서 흥미가 있습니다. 자세한 정보를 가르쳐 주신다면 감사하겠습니다.

**Q3.** 若您认识对与贵公司机器有互换性的周边器材有着深入 ⬜⬜⬜ 的人，就请告诉我。

당사의 기기와 호환성이 있는 주변기기에 대해 상세히 알고 계신 분을 소개시켜 주시겠습니까?

**Answer**
Q1 关于 Q2 感兴趣 Q3 了解

**한중 번역 도전!**

**Ex1.** 최근 유행하는 어플에 관해서 말입니다만, 어떤 자료라도 보내 주신다면 감사하겠습니다.

**Ex2.** 저는 어플 개발에 흥미가 있어 자세하게 공부하고 싶습니다. 그래서 관련 자료를 보내 주시면 감사하겠습니다.

**Ex3.** 이번 신제품에 대해 누군가 아시는 분이 계시면 소개해 주셨으면 합니다.

**Answer**

**Ex1** '~를 보내 주신다면'은 请您把~寄给我
对于最近流行的应用软件，请您把所有资料寄给我。谢谢。
'请您把所有资料寄给我。'는 '若您有什么资料都请寄给我。'로 바꿔 말할 수 있다.

**Ex2** '~에 흥미가 있다'는 对~很感兴趣
我对应用软件的开发很感兴趣，很想学习它。所以请您把有关资料寄给我。谢谢。
'很想学习它。'외에 '我希望对~有个深入的了解', '我希望进一步了解~'(~에 대해 좀 더 알고 싶습니다.)라고 말할 수 있다. 이는 정보를 얻기 위해 먼저 흥미를 나타내는 표현이다.

**Ex3** '~하는 분을 알고 계신다면'은 若您认识~的人
若您认识对此次新产品有着深入了解的人，就请介绍给我。
'对~有着深入了解的人'외에 '有人对~有着深层次理解', '对~很熟悉的人'이라고 말할 수 있다.

**Point 1** 지푸라기라도 잡는 심정으로 간절하게
**Point 2** 간접적으로 조언하는 표현
**Point 3** 직접적으로 조언하는 표현

조언을 구할 때는 최대한 정중하게 간절함을 표현해야 한다. 반대로 조언을 해주는 사람의 입장에서도 예의를 잃지 않아야 한다. 이 과에서는 조언을 구하는 표현, 해주는 표현을 알아보자.

---

发件人 gdhong@mycompany.com

收件人 chunling@yourcompany.com

标题 关于新产品宣传信函

李主任:
　您好!
　我是洪吉童。我请求您如果对新产品的宣传方法有什么新的创意，就请提出来。
　我十分理解您最近很忙，但还请您多多关照。


韩国贸易公司 营业部 洪吉童
TEL：82-2-337-3053
FAX：82-2-337-3054


●●● 신제품 선전 건

　　　홍길동입니다. 신상품의 선전 방법에 대해 뭔가 좋은 아이디어를 제안해 주셨으면 합니다.
　　　바쁘신 줄은 알지만, 아무쪼록 잘 부탁드립니다.

## Point 1 지푸라기라도 잡는 심정으로 간절하게

'해 주셨으면 합니다'는 我请求您~

对于新产品的宣传方法，我请求您提出一些好的创意。

신상품의 홍보 방법에 대해 뭔가 좋은 아이디어를 제안해 주셨으면 합니다.

'我请求您提出一些好的创意。'는 상대방에게 정중하게 조언을 요청하는 문장이다. '创意'는 '독창적인 견해, 창의적인 구상'을 뜻한다. '참신한 아이디어를 내다'는 '提出新鲜的创意'라고 말한다.

最近企业经营业绩每况愈下，所以我请求您告诉我能够克服危机的技巧。

지금 회사의 경영이 악화일로를 걷고 있으므로, 당신에게 위기 극복의 노하우를 듣고 싶습니다.

'我请求您告诉我能够克服危机的技巧。' 대신 '我希望从您那儿听取到可以克服危机的宝贵经验。'이라고 말할 수 있다. '我请求您提出人生的前辈的意见。'(인생의 선배인 당신에게 조언을 구하고 싶습니다.), '您是营业领域的专家，所以我请求您提出一些相关建议。'(영업 프로이신 당신에게 조언을 듣고 싶습니다.), '你已掌握了相关法律知识。我请求您提出一些好的建议。'(법률을 잘 아는 당신에게 조언을 듣고 싶습니다.)와 같이 응용할 수 있다.

对于削减开发预算的方法，能通过邮件获取一些您的建议吗?

개발 예산을 삭감할 방법에 대해 메일로 조언을 얻을 수 있을까요?

이 예문에서 '예산을 삭감하다'는 '削减预算'이지만, '예산을 축소하다'는 '减少预算规模'를 쓴다. 만나서 자세한 이야기를 듣고 싶을 때는 '我请求您跟我见面并向我提一些建议。', '能否见面听取一下您的意见呢?'(한번 만나 뵙고 조언해 주시겠습니까?)로 쓴다.

## Words

- 创意 chuàngyì 창조적인 의견 • 新鲜 xīnxiān 신선하다, 참신하다 • 经营业绩 jīngyíng yèjī 경영실적
- 每况愈下 měikuàngyùxià 갈수록 심해지다 • 克服危机 kèfú wēijī 위기를 극복하다 • 技巧 jìqiǎo 노하우
- 宝贵 bǎoguì 귀중하다 • 经验 jīngyàn 경험 • 前辈 qiánbèi 선배 • 削减 xuējiǎn 삭감하다 • 预算 yùsuàn 예산
- 法律知识 fǎlǜ zhīshi 법률 지식

'~하면 어떨까요?'는 您可以~吗? 또는 您觉得这样怎么样?

商务邮件范文 ❶

您可以在与客户往来的邮件中选择比较重要的邮件，并把邮件保存下来吗？
您觉得这样怎么样？

고객과 주고받은 내용 중에서 중요한 메일을 보존해 두면 어떨까요?

 '~하면 어떨까요?'는 '您可以~吗?', '您觉得这样怎么样?'으로 제안하는 투로 조언하는 일반적인 표현이다. '您可以把与客户的通话内容全部记下来吗? 您觉得这样怎么样?'(고객에게서 온 전화는 모두 메모해 두면 어떨까요?), '您可以把顾客的咨询内容全部记录下来吗?'(고객문의사항을 모두 기록해 두면 어떨까요?)와 같은 표현도 꼭 알아두자.

商务邮件范文 ❷

您可以给A公司打电话并要求对方立刻发报价单吗？您觉得这样怎么样？

A사에 전화해서 견적서를 빨리 보내달라고 부탁하면 어떨까요?

 '您可以给A公司打电话并要求对方立刻进行退换吗?'(A사에 전화해서 환불 처리를 신속하게 해달라고 부탁하면 어떨까요?)와 같이 응용할 수 있다.

商务邮件范文 ❸

您可以做演示时强调卖点吗？我认为这将会给贵公司带来很大的帮助。

프레젠테이션에서 셀링 포인트를 확실히 어필해두는 것이 귀사에 도움이 될 것이라고 생각합니다.

 '这将会给~带来很大的帮助。'는 '~에 도움이 될 것이라고 생각합니다'는 뜻으로 간접적인 조언을 한 표현이다. '卖点'은 '셀링 포인트'란 뜻으로 '产品和服务所拥有的能够吸引顾客的特色'(상품이나 서비스가 지니고 있는 고객들을 이끄는 특징)를 말한다.

**Words** ············································································································

• 选择 xuǎnzé 선택하다, 고르다 • 保存 bǎocún 보존하다 • 咨询 zīxún 문의하다, 의논하다 • 退换 tuìhuàn 교환하다
• 做演示 zuòyǎnshì 프레젠테이션을 하다 • 强调 qiángdiào 강조하다 • 卖点 màidiǎn 셀링 포인트, 상품의 매력
• 吸引顾客 xīyǐn gùkè 고객을 끌다

**Point 3** 직접적으로 조언하는 표현

 '~할 것을 강력히 권유합니다'는 强烈建议~

商务邮件范文 **1**

我强烈建议若对方不同意更新合同，那请您跟企业顾问律师进行咨询。
상대가 계약 갱신에 응하지 않을 경우에는 회사 고문 변호사와 상담할 것을 강력하게 권유합니다.

 '强烈建议~'(~하는 것을 강하게 권유합니다)는 강하게 조언할 때의 표현이다.

商务邮件范文 **2**

我认为贵公司应该一步一步地进行新产品的开发。
새로운 상품개발에 이제 슬슬 나설 시기라고 생각합니다.

 '我认为您应该~', '我确信您~'(~라고 확신합니다)은 상대방에게 강하게 권유할 때의 표현이다. '应该'
는 '~해야 한다'는 뜻으로 '~하는 것이 당연하다'는 의미를 내포하고 있다. '一步一步地'는 '한 걸
음 한 걸음씩, 차근차근'이라는 뜻으로 '顺序渐进'(순차적으로 진행하다.)으로 바꿔 쓸 수 있다.

商务邮件范文 **3**

我强烈建议您购买最新款的电脑。
최신 컴퓨터를 구입할 것을 강력하게 제안합니다.

 '~할 것을 강력하게 제안합니다'는 '我强烈建议~'로 쓴다. 합병을 제안할 때는 '我强烈建议我们
公司与A公司进行事业并购。'(A사와의 합병을 강력하게 제안합니다.)와 같이 쓴다.

**Words**
• 强烈 qiángliè 강력하게 • 建议 jiànyì 건의하다, 제안하다 • 更新合同 gēngxīn hétong 계약을 갱신하다
• 顾问律师 gùwèn lǜshī 고문 변호사 • 一步一步 yíbùyíbù 한 발 한 발 • 顺序渐进 shùnxùjiànjìn 순차적으로 진행하다
• 购买 gòumǎi 구매하다 • 新款 xīnkuǎn 새로운 스타일 • 并购 bìnggòu 인수 합병하다

## 일의 지시를 요구할 때의 표현

조언과 지시는 엄연히 다르다. 경우에 따라 일의 순서를 몰라서, 절차를 몰라서 구체적으로 지시를 부탁할 때의 표현을 알아보자.

- 请您给新来的员工指示工作顺序。
  신입사원에게 일의 순서를 지시해 주세요.
- 请您给我指示新销售合同的顺序。
  새로운 판매 계약의 절차에 대해 지시해 주셨으면 합니다.

**Words**
- 指示 zhǐshì 지시하다, 명령을 내리다 • 顺序 shùnxù 순서, 차례 • 销售 xiāoshòu 판매하다, 팔다 • 合同 hétong 계약서

---

## Quiz 이런 경우에는 중국어로 어떻게 표현?

**Q1.** 对于新产品的 [    ] 方法，我请求您 [    ] 一些好的创意。
신상품의 홍보 방법에 대해 뭔가 좋은 아이디어를 제안해 주셨으면 합니다.

**Q2.** 您可以在与客户往来的邮件中选择比较重要的邮件，并把邮件保存下来吗? 您觉得这样 [    ]?
고객과 주고받은 내용 중에서 중요한 메일을 보존해 두면 어떨까요?

**Q3.** 我强烈 [    ] 若对方不同意更新合同，那您跟企业顾问律师进行咨询。
상대가 계약 갱신에 응하지 않을 경우에는 회사 고문 변호사와 상담할 것을 강력하게 권유합니다.

**Answer**
Q1 宣传, 提出 Q2 怎么样 Q3 建议

## Exercise 한중 번역 도전!

**Ex1.** 경비 삭감에 관해 뭔가 좋은 아이디어를 제안해 주셨으면 합니다.

**Ex2.** 방문 전에 방문할 회사에 전화를 해두는 것이 귀사에 도움이 된다고 생각합니다.

**Ex3.** 주식을 잘 알고 계시다 들었습니다. 투자에 대해 메일로 조언해 주시겠습니까?

---

## Answer

**Ex1** '해 주셨으면 합니다'는 我请求您~

对于削减经费的问题，我请求您提出一些好的创意。
'我请求您提出一些好的创意。'는 정중한 느낌으로 조언을 구하는 표현이다.

**Ex2** '~에 도움이 된다고 생각합니다'는 这将会给~带来很大的帮助。

在您访问别的公司之前，您可以给那家公司打电话。您觉得这样做怎么样？
我认为这将会给你们带来很大的帮助。
'您可以~。您觉得这样做怎么样？'은 간접적인 표현으로 조언하는 방법이다. 위 예문은 '您先给那家公司打电话怎么样呢？'(전화해두면 어떨까요?)라는 말을 간접적으로 표현한 말이다.

**Ex3** '조언을 해 주시겠습니까?'는 请您给我提一些建议

听说，您对股市有着深层次的理解。请您给我提一些相关建议。
또는 '希望您给我提一些相关建议。'를 사용하여 정중하게 조언을 구할 수 있다.

175

# 每天10分钟，
# 让您轻松成为中文商务邮件达人！

**10분 투자로 메일의 달인 되는 법**

비즈니스란 어떤 의미에서는 상대의 마음을 움직이는 행위의 연속이라고 할 수 있다. 분명하고 정확한 의사소통도 중요하지만, 다양한 표현을 구사하면 보다 능수능란하게 의사를 전할 수 있다. Part7에서는 의사전달과 관련한 여러 가지 표현법을 알아본다.

의사전달편 **Part** 7

# 상대방의 제의에 대한 답 메일 쓰기

이쪽에서 결정권을 가진 경우라도 승인이나 거절의 표현은 Yes나 No로 딱 잘라 말하기보다 좀 더 유연하게 하는 것이 좋다. 만약 승인하지 않을 때는 그 이유를 명확히 밝히고 유감의 뜻을 전한다. 이 과에서는 상대방으로부터의 받은 제안에 대한 승인과 허가 표현을 알아본다.

| 发件人 | gdhong@mycompany.com |
| --- | --- |
| 收件人 | chunling@yourcompany.com |
| 标题 | 关于新城市开发项目的信函 |

李主任:
　您好!
　我是洪吉童。对于新城市的开发项目，如果您解决了与居民之间的问题，今后我将会再重新考虑。


韩国贸易公司 营业部 洪吉童
 TEL：82-2-337-3053
 FAX：82-2-337-3054


●●● 신도시 개발 프로젝트 건

　　홍길동입니다. 이번 신도시 개발 프로젝트 말입니다만, 차후에 주민과의 문제가 해결하면 다시 검토하겠습니다.

## Point 1 "YES"의 다양한 표현

 '기꺼이~'는 欣然地 또는 乐意地를 쓴다

商务邮件范文 **1**

我欣然地接受您所提出的条件。

제시하신 조건을 기꺼이 받아들이도록 하겠습니다.

 상대방의 제의를 받아들일 때 '欣然地~', '乐意地~'(기꺼이~)를 쓴다. '提出条件'(조건을 제시하다)은 '拿出条件'으로 바꿀 수 있다. '我欣然地接受您的要求，并于您建议的那天拜访您。'(제시하신 요구사항을 기꺼이 받아들여 제시하신 날짜에 찾아뵙겠습니다.)라고 응용할 수 있다.

商务邮件范文 **2**

我乐意地考虑此次建议。

이번 제의, 기꺼이 검토하도록 하겠습니다.

 간단하게 '제의를 검토하고 싶다'고 긍정적인 생각을 전달할 때 쓰는 표현이다. 제의를 받아들일 때는 '我乐意地接受此次建议。', '我乐意地采纳您的意见。'(이번 제의, 기꺼이 받아들이도록 하겠습니다.) 이라고 한다.

商务邮件范文 **3**

我对能够参与贵公司的项目，感到非常荣幸。

귀사의 프로젝트에 참가할 수 있게 되어 정말 영광입니다.

 상대방의 제의에 만족하고 있다는 표현으로 '我对能够~，感到非常荣幸。'(~할 수 있게 되어 정말 영광입니다.)을 쓴다. '我对能够参与贵公司的项目，感到非常荣幸。'外에 '我很荣幸能够参加贵公司的项目。', '我对能够参加贵公司的项目，感到很高兴。'(귀사의 프로젝트에 참가할 수 있게 되어 정말 기쁘게 생각합니다.)이라 말할 수 있다.

**Words**
• 欣然 xīnrán 기쁘게, 흔쾌히 • 乐意 lèyì 기꺼이~하다 • 拜访 bàifǎng 삼가 방문하다 • 考虑 kǎolù 고려하다, 생각하다
• 荣幸 róngxìng 매우 영광스럽다

179

**Point 2** "NO"의 다양한 표현

 결정을 미룰 때는 今后我将会再重新考虑를 쓴다

商务邮件范文 **1**

对于新城市的开发项目，如果您解决了与居民之间的问题，
今后我将会再重新考虑。

이번 신도시 개발 프로젝트 말입니다만, 차후에 주민과의 문제가 해결하면 다시 검토하겠습니다.

상대방의 제안을 바로 받아들일 수 없을 경우에는 받아들일 수 없다고 해서 '今后我将会再重新
考虑。'(조만간~새로 검토하겠습니다.)라는 표현을 써서 결정을 미룬다.

商务邮件范文 **2**

我们非常遗憾不能按照您所提出的合同条件跟您协商。
希望您能够提出其他的方案。

유감이지만 보내주신 계약조건에는 합의를 할 수 없어서 다른 방안을 제시해 주셨으면 합니다.

상대방에게 다른 방안을 제시해 달라고 할 경우에 쓴다. '所提出的'(보내주신)는 '所发的'로 바꿔
쓸 수 있다.

商务邮件范文 **3**

我们充分考虑了贵公司所提出的开发计划案。但很抱歉我们得出的结论是因资
金不足，不能接受该计划案。

귀사가 제안한 개발계획안을 잘 검토해 본 결과, 자금부족 때문에 불가능하다는 결론이 났습니다.

이유를 말하면서 거절할 때 쓰는 기본 표현이다. '得出结论'은 '결론을 얻다'라는 뜻이다 '结果
出来了'는 '결론이 나다'라는 뜻으로 '身体检查的结果出来了。'(건강검진 결과가 나왔다.)와 같이 사
용된다.

**Words**
● 重新 chóngxīn 다시,새로 ● 按照 ànzhào ∼에 의해 ● 合同条件 hétong tiáojiàn 계약조건 ● 协商 xiéshāng 협상하다
● 结论 jiélùn 결론 ● 资金不足 zī jīn bùzú 자금부족 ● 计划 jìhuà 계획하다

**Point 3** 승인과 허가에 관한 입체적 표현

 '승인하다'는 认可 또는 支持, '승인할 수 없다'는 不认可 또는 不支持

商务邮件范文 **1**

我们将认可共同开发新能源的计划。
신에너지를 공동 개발하는 계획을 승인합니다.

상대방의 제안을 승인할 경우에는 '认可~', '支持~'(~을 승인합니다)를, 반대할 때는 '不认可~',
'不支持~'(~을 승인하지 않습니다)를 쓴다.

商务邮件范文 **2**

虽然您认为要增加工作人员并让他们参加此次项目。但我们认为这需要的费用
太高。所以我们对此不给予认可。
이번 프로젝트에 새로운 인원을 추가할 필요가 있다고 판단하셨지만, 비용이 너무 든다는 생각이 들어 승인
할 수가 없었습니다.

'당신은 그렇게 판단했지만, ~라는 생각이 들어 승인할 수 없습니다'는 '您认为~但我们认为~。
所以我们对此不给予认可。'라고 표현한다. 이유를 밝히면서 승인을 거절하는 표현이다.

商务邮件范文 **3**

我们有消息通知您。真对不起。我们不能认可更新与贵公司的合同。
죄송합니다만, 귀사와의 계약갱신은 승인할 수 없으므로 알려드리는 바입니다.

'죄송합니다만, ~은 승인할 수 없으므로 알려드리는 바입니다'는 '我们有消息通知您。真对不
起。我们不能认可~。'로 승인을 거절하는 표현이다.

---

**Words** ·····
• 认可 rènkě 승낙하다, 허락하다 • 支持 zhīchí 지지하다 • 新能源 xīnnéngyuán 신에너지 • 增加 zēngjiā 증가하다, 늘리다
• 费用 fèiyòng 비용 • 通知 tōngzhī 통지하다 • 更新 gēngxīn 갱신하다, 경신하다

## 상대방의 제안에 재고가 필요한 경우

비즈니스를 하다 보면 자신의 선에서 결정할 수 없는 사항이나 자신의 의향과 다른 결정에 의해
좋지 않은 사실을 알려야 하는 경우가 있다.

---

- 真对不起。我们决定了不再更新与贵公司的合同。
  죄송합니다만, 귀사와의 계약갱신은 하지 않는 것으로 결정했습니다.

- 按照会议结果，我们决定不选择贵公司的产品。
  회의 결정으로 귀사의 상품은 채택하지 않기로 결정했습니다.

- 我们通知您一个消息。我们不能认可交货时期的更改。
  마감 기간의 변경은 승인할 수 없게 되었다는 점을 알려드립니다.

---

**Words**
- 更新 gēngxīn 갱신하다, 경신하다 • 选择 xuǎnzé 선택하다, 고르다 • 交货 jiāohuò 납품하다 • 认可 rènkě 승낙하다, 허락하다
- 更改 gēnggǎi 바꾸다, 고치다

## Quiz 이런 경우에는 중국어로 어떻게 표현?

**Q1.** 我 ▢▢▢▢ 地接受您所提出的条件。

제시하신 조건을 기꺼이 받아들이도록 하겠습니다.

**Q2.** 对于新城市的开发项目，如果您解决了与居民之间的问题，
今后我将会再重新 ▢▢▢▢ 。

이번 신도시 개발 프로젝트 말입니다만, 차후에 주민과의 문제가 해결하면 다시 검토하겠습니다.

**Q3.** 我们将 ▢▢▢▢ 共同开发新能源的计划。

신에너지를 공동 개발하는 계획을 승인합니다.

**Answer**
Q1 欣然 Q2 考虑 Q3 认可

◤Exercise◢ 한중 번역 도전!

**Ex1.** 신도시 개발 계획 건, 기꺼이 받아들이겠습니다.

**Ex2.** 귀사가 제안한 새로운 시스템 도입 건 말입니다만, 나중에 재차 검토하겠습니다.

**Ex3.** 귀사가 제안한 신상품 개발은 현시점에서는 불가능하다는 결론에 이르렀습니다.

**Answer**

**Ex1** 欣然地 또는 乐意地를 써서 '기꺼이 받아들이겠다'는 뜻을 전달한다
对于新城市的开发计划案，我欣然地接受它。
'기꺼이 받아들이겠습니다'는 '欣然地接受', '乐意地接受'를 써서 찬성 의사를 표현한다.

**Ex2** 今后我将会再重新考虑로 거절 의사를 밝힌다
对于贵公司所提出的引进新系统的方案，今后我将会再重新考虑。
'나중에, 앞으로'는 '今后'라고 하고, '재차'는 '再重新'를 쓴다. '나중에 검토해보겠습니다'는 '지금은 하지 않겠습니다'라는 의미를 내포하고 있다.

**Ex3** '결론에 이르렀습니다'는 得出结论
我们得出了一个结论。从现在的角度来看，不能开发贵公司所提出的新产品。
'不能开发贵公司所提出的新产品。'은 '贵公司所提出的新产品开发案不能落实。'로 바꿔 말할 수 있다.

**Point 1** 상대의 의견을 듣고 싶다면?
**Point 2** 자신의 의견을 전하고 싶다면?
**Point 3** 의견을 강조하고 싶다면?

의견을 제시할 때는 자신의 생각을 분명하게 말하는 것이 중요하다. 이 과에서는 상대의 의견을 듣고 싶을 때, 자신의 의견을 전하고 싶을 때 등 의견을 교환할 때 쓰는 표현을 알아본다.

| | |
|---|---|
| 发件人 | gdhong@mycompany.com |
| 收件人 | chunling@yourcompany.com |
| 标题 | 关于开发项目的信函 |

李主任:
　您好!
　我是洪吉童。对于开发项目，我们按照如下的程序来进行。您觉得怎么样? 不知您对此有什么看法?


韩国贸易公司 营业部 洪吉童
 TEL：82-2-337-3053
 FAX：82-2-337-3054



●●● 개발 프로젝트 건

홍길동입니다. 개발 프로젝트입니다만, 아래와 같은 순서로 진행하고 싶은데 어떠신가요? 다른 의견 있으신가요?

## Point 1 상대의 의견을 듣고 싶다면?

 **您对此有什么看法?**로 정중하게 의견을 묻는다

商务邮件范文 **1**

对于开发项目，我们按照如下的程序来进行。**您对此有什么看法?**

개발 프로젝트 말입니다만, 아래와 같은 순서로 진행하고 싶은데요. 다른 의견 있으신가요?

 '다른 의견 있으신가요?'는 '您对此有什么看法?', '您对此有何看法?', '不知您是否有其他意见'
으로 쓰면 된다.

商务邮件范文 **2**

听说正在进行的项目即将被中断。**不知这是否属实，我想听取您的意见。**

현재 진행 중인 프로젝트를 중지한다는 말을 들었습니다만, 정말인지 어떤지 귀하의 의견을 듣고 싶습니다.

 상대방의 의사를 조심스럽게 묻는 표현으로 '听说'(들은 바로는, 듣건대)는 '据悉'(들리는 바에 의하면~)
와 같은 뜻이다. '听取意见'은 '의견을 경청하다'라는 뜻으로 '聆听意见'으로 바꿔 말할 수 있다.

商务邮件范文 **3**

**请告诉我您对**此次项目的看法。

이번 프로젝트에 관한 귀하의 생각을 알려주세요.

 '请告诉我。'(알려주세요, 말해주세요.)는 상대방의 의견을 묻는 표현으로 '希望您能对~提出意见。'으로 바
꿔 말할 수 있다.

---

**Words** ·······················································································································
• 看法 kànfǎ 의견, 견해 • 按照 ànzhào ~에 의해 • 程序 chéngxù 순서, 절차 • 中断 zhōngduàn 중단하다
• 属实 shǔshí 사실과 일치하다 • 听取 tīngqǔ 귀담아듣다 • 聆听 língtīng 경청하다

185

**Point 2** 자신의 의견을 전하고 싶다면?

 '저로서는'은 **依我的看法** 또는 **依照我的看法** 또는 **按照我的理解**로 표현한다

商务邮件范文 **1**

**依我的看法，不必要再增加其他工作人员。**
저로서는 더 이상 인원 추가는 불필요하다고 생각합니다.

 '저로서는 ~는 불필요하다고 생각합니다'는 '依我的看法，不必要再~。'로 자신의 의견을 어필하는 기본 표현이다.

商务邮件范文 **2**

**我希望跟您直接见面后再就讨论一下详细的内容。**
자세한 내용에 대해서는 귀하와 직접 만나서 의논하고 싶습니다.

 메일로 전달하기 어려운 내용이라면 '希望跟您见面直接讨论。'(직접 만나서 의논하고 싶습니다.)이라는 표현을 쓴다.

商务邮件范文 **3**

**我认为彻底地进行安全管理是首要条件。**
철저한 안전관리가 첫 번째 조건이라는 것이 저의 의견입니다.

 '我认为~'(저의 의견은 ~입니다. 저는 ~라고 생각합니다.)도 의견을 제시하는 표현 중 하나이다. 다른 예로는 '我认为对新员工应该进行彻底地教育。'(신입사원의 교육을 철저히 해야 한다고 생각합니다.)가 있다.

**Words**
• 依照 yīzhào ~에 의하, ~에 따라 • 按照 ànzhào ~에 의해 • 增加 zēngjiā 증가하다, 늘리다 • 不必 búbì ~할 필요 없다
• 直接 zhíjiē 직접적인 • 彻底 chèdǐ 철저하다 • 首要条件 shǒuyào tiánjiàn 우선조건, 첫 번째 조건

**Point 3** 의견을 강조하고 싶다면?

 @ 希望您注意到~ 또는 您绝对不可忽视~로 의견을 강조시킨다

商务邮件范文

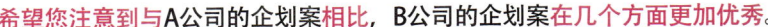

**希望您注意到**与A公司的企划案**相比**，B公司的企划案**在几个方面更加优秀**。

A사의 계획안에 비해, B사의 계획안이 몇 가지 점에서 뛰어나다는 점에 주목해 주셨으면 합니다.

 '希望您注意到与○○相比，○○更加~'(○○에 비해 ○○이 ~하다는 점에 주목해 주셨으면 합니다.)는 자신의 주장을 말하는 기본 표현이다.

商务邮件范文

**我想指出**使用电脑的大部分用户基本上都不了解电脑硬件。

컴퓨터를 사용하는 대다수의 사람은 하드웨어에 대해서는 거의 알지 못하다는 사실을 지적하고 싶습니다.

 '我想指出~'(~라고 하는 것을 지적하고 싶습니다.)는 강하게 자신의 주장을 전달하는 표현이다. 이밖에 '我想强烈批评~'(~라고 강하게 비판하고 싶습니다.)이라고 말할 수 있다.

商务邮件范文

**我们绝对不可忽视**最大的问题是安全管理上的不足。

가장 큰 문제가 안전관리 불충분이었다는 사실을 간과해서는 안 됩니다.

 '~는 사실을 간과해서는 안 됩니다'는 '我们绝对不可忽视~'로 어떤 논점을 강조해서 주장을 강하게 하는 표현이다.

---

**Words** • • • • • • • • • • • • • • • • • • • • • • • • • • • • • • • • • • • • • • • • • • • • • • • • • • • • • • • •
• 注意 zhùyì 주의하다 • 绝对 juéduì 반드시, 절대로 • 不可忽视 bùkěhūshì 무시할 수 없다 • 优秀 yōuxiù 뛰어나다, 우수하다
• 电脑 diànnǎo 컴퓨터 • 用户 yònghù 사용자 • 硬件 yìngjiàn 하드웨어 • 指出 zhǐchū 지적하다, 밝히다
• 批评 pīpíng 비판하다, 지적하다

### 좋지 않은 결정을 전달할 때의 표현

불가피하게 부정적인 결정을 전달할 때는 어떻게 그런 결론에 이르렀는지 납득 가능한 이유를 밝힐 필요가 있다.

---

• 我认为现在就对开展此次项目作出判断还为时尚早。
  이번 프로젝트의 진행에 대한 판단을 내리는 것은 아직 시기상조라고 생각합니다.

• 我认为决定委托哪家公司来担当此次项目之前，需要再重新考虑一下。
  이번 프로젝트를 어느 회사에게 맡길 것인지에 대해서 결단을 내리기 전에 좀 더 생각해야 한다고 봅니다.

---

#### Words

• 作出判断 zuòchū pànduàn 판단을 내리다 • 为时尚早 wéishí shàngzǎo 아직 이르다 • 委托 wěituō 의뢰하다, 위탁하다

---

## Quiz 이런 경우에는 중국어로 어떻게 표현?

**Q1.** 对于开发项目，我们想 _____ 如下的程序来进行。您对此有什么看法?

개발 프로젝트 말입니다만, 아래와 같은 순서로 진행하고 싶은데요. 다른 의견 있으신가요?

**Q2.** 依我的看法，_____ 再增加其他工作人员。

저로서는 더 이상 인원 추가는 불필요하다고 생각합니다.

**Q3.** 希望您 _____ 到与A公司的企划案相比，B公司的企划案在几个方面更加优秀。

A사의 계획안에 비해 B사의 계획안이 몇 가지 점에서 뛰어나다는 점에 주목해 주셨으면 합니다.

---

#### Answer

Q1 按照 Q2 不必要 Q3 注意

## Exercise 한중 번역 도전!

**Ex1.** 우리 회사가 올해 개발한 신약에 대해 귀하가 어떤 생각인지를 알고 싶습니다.

**Ex2.** A사에 의뢰해서 바로 작업을 개시해야 한다는 것이 저의 부서 의견입니다.

**Ex3.** 비용 절감을 위해 LED를 사용하는 기업이 증가하고 있다는 사실을 간과해서는 안 됩니다.

### Answer

**Ex1** 您对此有什么看法?로 정중하게 의견을 묻는다

请您对今年我们所开发的新药有什么看法?

'~에 대해 어떻게 생각하는지 알고 싶습니다'는, '请您对~有什么看法?', '请您对~有何想法?'로 표현한다.

**Ex2** 这是~的意见으로 자신이나 제3자의 의견 전달

委托A公司立刻进行作业。这是我们部门的意见。

'~라고 하는 것이 저희 부서 의견입니다'는 '~是我们部门的意见。'으로 자기 부서의 의견을 전달한다. '즉시'는 '立刻', '尽快'를 쓴다.

**Ex3** 강한 주장은 绝对不可忽视~

为了减少费用，使用LED的企业日益增加。我们绝对不可忽视这一事实。

'~라는 사실을 간과해서는 안 됩니다'는 '我们绝对不可忽视~'로 구체적인 예를 들면서 강한 주장을 하는 표현이다. '~하는 기업이 늘고 있다'는 '~的企业日益增加，~的企业越来越多。'로 쓰면 된다.

**Point 1** 의견에 동의한다면 이렇게 쓰라
**Point 2** 부분적인 합의만 원한다면 이렇게 쓰라
**Point 3** 전적으로 지지한다면 이렇게 쓰라

찬성할 때도 정도의 차이가 존재한다. 이 과에서는 상대의 의견에 대부분 같은 의견이라는 일반적인 동의를 나타낼 때 쓰는 표현, 일부는 동의하지만 부분적으로 반대 의견이 있을 경우, 전적으로 지지할 때의 표현으로 분류해서 알아본다.

| 发件人 | gdhong@mycompany.com |
| 收件人 | chunling@yourcompany.com |
| 标题 | 关于项目进展的信函 |

李主任:
您好!
我同意您的意见。若先不解决在开发项目过程中所出现的问题，那绝对不能再继续进行该项目。

韩国贸易公司 营业部 洪吉童
TEL：82-2-337-3053
FAX：82-2-337-3054

●●● 프로젝트 진행 건

프로젝트 개발 중 발생한 문제가 해결되지 않는 한, 이 프로젝트는 진행되어서는 안 된다는 귀하의 의견에 동의합니다.

## Point  의견에 동의한다면 이렇게 쓰라

 '~라고 하는 의견에 동의하다'는 我同意~的意见 또는
我支持~的意见이라고 한다

商务邮件范文 **1**

**我同意您的意见。** 若先不解决在开发项目过程中所出现的问题，那绝对不应该再继续进行该项目。

프로젝트 개발 중 발생한 문제가 해결되지 않는 한, 이 프로젝트는 진행되어서는 안 된다는 귀하의 의견에 동의합니다.

 '我同意您的意见。'(귀하의 의견에 동의합니다.)으로 상대방의 의견에 동의를 나타낸다. '不应该'는 '~해서는 안 된다'로 반대로 '~해야 한다'는 '应该'라고 한다. 예를 들면 '我同意您的意见。若出现问题, 应该立即报告给上级.'(문제가 발생한 경우에는 바로 상사에게 보고해야 한다는 귀하의 의견에 동의합니다.)와 같이 쓴다.

商务邮件范文 **2**

**对于城市开发计划的更改，** 我们支持您的意见。

도시개발 계획의 변경 건에 대해 저희는 귀하의 의견에 찬성합니다.

 '对于~, 我们支持您的意见。'은 의견에 대한 동의를 표하는 기본 표현이다. 대략적으로 의견이 일치하고 있다고 표현하고 싶을 때는 '对于~我们几乎都达成了共识。'(~건에 대해 우리들은 대략적인 합의하고 있습니다.)라고 쓴다.

商务邮件范文  **3**

**我们可以理解您的想法。** 我们也同意尽量要避免出现加班的情况。

잔업은 하지 않는 것이 좋다는 당신의 생각을 이해할 수 있습니다.

 '당신의 생각을 이해할 수 있습니다'는 '我们可以理解您的想法。'로 동의를 나타내는 표현이다. 만약 반대의 의견이라면 '我们理解您的想法。但我们认为~。'(~라고 하는 당신의 생각은 이해가 됩니다. 그러나 ~라고 생각합니다.)로 반대 의사가 함축적으로 담긴 표현을 쓴다.

**Words** ....................................................................................................

• 过程 guòchéng 과정 • 继续 jìxù 연속, 계속 • 报告 bàogào 보고하다 • 上级 shàngjí 상급, 상사 • 更改 gēnggǎi 변경하다
• 避免 bìmiǎn 피하다 • 加班 jiābān 잔업하다 • 情况 qíngkuàng 상황

## Point **2**　부분적인 합의만 원한다면 이렇게 쓰라

 '~하고 싶지만'은 我们也希望~, 但~로 표현한다

商务邮件范文 **1**

对于扩大工厂规模，我们也希望同意您的意见。但好像存在几个问题。

공장 확대 건에 대해서 귀하에게 찬성하고 싶지만, 몇 가지 문제점이 있는 것 같습니다.

 먼저 상대방의 의견에 '我们希望赞成~', '我们希望同意~', '我们希望支持~'(찬성하고 싶지만~)라고 동의를 표현한 뒤, '但好像存在几个问题.'(몇 가지 문제점이 있는 것 같습니다.)라고 문제점을 지적한다.

商务邮件范文 **2**

对于与贵公司的合同，虽然我们几乎都达成了共识，但需要进一步讨论如下的问题。

귀사와의 계약에 관해서는 대부분의 점에서 우리는 합의했지만, 아래 사항에 관해서는 좀 더 논의할 필요가 있겠습니다.

'虽然我们几乎都达成了共识~'(대부분의 점에서 저희들은 의견이 일치하지만~)라고 일부 동의를 나타낸 후에 '但需要进一步讨论如下的问题.'(아래 사항에 관해서는 좀 더 논의할 필요가 있겠습니다.)를 써서 동의할 수 없는 부분을 지적하는 표현이다. '조금 더 의논이 필요하겠지요'라고 표현하고 싶을 때는 '需要一点时间去讨论.'이라고 한다.

商务邮件范文 **3**

我们几乎同意今年的预算内容。但很难支持设施投资费用的分摊。

금년도 예산 내용의 대부분에는 찬성합니다만, 시설투자비 분배에 대해서는 찬성하기 어렵습니다.

 '几乎同意~'로 일부 찬성을 나타내고, '但不同意~'로 일부 반대라고 하는 입장을 전달하는 표현이다. '很难支持~'는 '쉽게 찬성할 수 없다'는 의미를 내포한다.

**Words**
• 扩大规模 kuòdà guīmó 규모를 넓히다, 규모를 확대하다 • 赞成 zànchéng 찬성하다 • 好像 hǎoxiàng 마치~과 같다
• 几乎 jīhū 거의 • 达成共识 dáchéng gòngshí 합의를 이루다 • 讨论 tǎolùn 토론하다 • 预算 yùsuàn 예산 • 设施 shèshī 시설
• 投资 tóuzī 투자하다 • 分摊 fēntān 할당하다, 나누어 부담하다

## Point 3 전적으로 지지한다면 이렇게 쓰라

 전적인 지지는 我们完全赞成~ 또는 对~我表示完全的赞同으로 표현한다

商务邮件范文 **1**

我完全赞成按照基本开发计划来进行该项目。

기본 개발 계획대로 프로젝트를 진행하는 것에 저는 전적으로 찬성합니다.

 '我完全赞成~', '我全部赞成~'(~하는 것에 저는 전적으로 찬성합니다.)으로 상대방의 의견에 전적으로 찬성한다는 의사를 밝힌다.

商务邮件范文 **2**

我对现在我们应该进行企业经营改革这一问题表示完全的赞同。

지금이야말로 회사의 경영개혁에 힘써야 한다는 생각에 저는 전적으로 찬성합니다.

 '我对~的意见表示完全的赞同。'(~라는 생각에 저는 전면적으로 찬성합니다.)으로 상대방의 제안에 대해 전면적으로 찬성한다는 의사를 밝힌다. '应该'는 '~해야 한다'는 의미다.

商务邮件范文 **3**

我完全支持洪吉童先生所提出的意见。我们应该培养年轻的技术人员。

저는 젊은 기술자를 육성해야 한다는 홍길동 씨의 제안을 확실하게 지지합니다.

 '我完全支持~的意见。'(~의 의견을 확실하게 지지합니다.)이라는 표현을 써서 확고한 지지 의사를 나타내기도 한다.

---

**Words**
- 赞成 zànchéng 찬성하다 ● 赞同 zàntóng 찬성하다, 동의하다 ● 经营 jīngyíng 경영하다 ● 改革 gǎigé 개혁하다, 개혁
- 培养 péiyǎng 양성하다, 육성하다 ● 年轻 niánqīng 젊다, 어리다 ● 技术人员 jìshù rényuán 기술자, 엔지니어

## 기본적으로 지지하는 입장을 밝힐 때 쓰는 표현

상대방의 제안이나 생각에 찬성하는 입장을 밝힐 때는 아래와 같은 표현을 쓴다.

- 我支持该意见。
  저는 그 생각을 지지합니다.

- 我基本上同意该意见。
  저는 기본적으로는 그 생각에 찬성합니다.

- 我基本上同意该意见，但我认为还有很多地方需要改善。
  저는 그 생각에 기본적으로는 찬성하지만, 아직도 개선해야만 하는 점이 몇 가지 있다고 생각합니다.

**Words**
- 支持 zhīchí 지지하다 ● 改善 gǎishàn 개선하다 ● 基本上 jīběnshàng 대체로, 거의

**Quiz** 이런 경우에는 중국어로 어떻게 표현?

Q1. 我  您的 ___ 。若先不解决在开发项目过程中所出现的问题，那绝对不应该再继续进行该项目。

프로젝트 개발 중 발생한 문제가 해결되지 않는 한, 이 프로젝트는 진행되어서는 안 된다는 귀하의 의견에 동의합니다.

Q2. 对于扩大工厂规模，我们也希望 ___ 您的意见。但好像存在几个问题。

공장 확대 건에 대해서 귀하에게 찬성하고 싶지만, 몇 가지 문제점이 있는 것 같습니다.

Q3. 我完全赞成 ___ 基本开发计划来进行该项目。

기본 개발 계획대로 프로젝트를 진행하는 것에 저는 전적으로 찬성합니다.

**Answer**
Q1 司意, 意见 Q2 同意 Q3 按照

## Exercise 한중 번역 도전!

Ex1. 이 프로젝트를 납기에 맞추기 위해 인원을 늘리는 데 대해 저희들은 대략적으로 합의합니다.

Ex2. 영업부의 홍길동 씨를 우리 개발 팀에 스카우트해야 한다는 당신의 생각은 이해가 됩니다.

Ex3. 이 프로젝트를 A사에 맡기는 것에 관해서는 찬성하고 싶습니다만, 몇 가지 생각이 다른 부분이 있습니다.

### Answer

**Ex1** '대략적으로 합의하고 있습니다'는 大概同意~ 또는 大部分同意~

我们大概同意为了遵守该项目的交货日期，需要再增加人员。
'납기에 맞추기 위해서'는 '为了遵守交货日期'라고 하고, '대략적으로 합의하고 있다'는 '大概同意~', '大部分同意~'를 쓴다.

**Ex2** '~라고 하는 생각은 이해가 됩니다'는 我们可以理解~的想法

我们可以理解您的想法，应该延揽营业部的洪吉童，让他在开发部门工作。
'스카우트하다'는 '뽑다, 뽑아내다, 스카우트하다'라는 뜻의 '选', '延揽'을 쓴다. '~란 당신의 생각은 이해가 됩니다'는 '我们可以理解~的想法.'로 쓴다.

**Ex3** '~에 관해서는 찬성하고 싶습니다만'은 对于~我表示赞同

对于委托A公司来负责该项目我表示赞同。但有一些想法我不能接受。
일부를 찬성하는 표현은 '对于~我表示赞同, 但~'을 쓰고 뒤에 반대의 의견을 표현한다.

# 29

## 의견에 반대하는 메일 쓰기

**Point 1** 의견의 재고를 요청하는 패턴
**Point 2** 의견에 완곡하게 반대하는 패턴
**Point 3** 의견에 전적으로 반대하는 패턴

찬성을 나타낼 때와 마찬가지로 의견에 반대하는 입장일 경우에도 전적으로 반대하는 의견, 일부분만 반대하는 의견, 혹은 의견이 일치되지 않아 새로운 합의점을 찾고자 하는 메일 등으로 구분할 수 있다. 이 과에서는 이러한 다양한 반대 의견을 알리는 표현을 배워보자.

---

**发件人** gdhong@mycompany.com

**收件人** chunling@yourcompany.com

**标题** 关于与A公司进行并购的信函

李主任：
　您好！
　我是洪吉童。承蒙您的照顾，我们一切都很好。今天我收到了贵方本月11日寄给我的邮件。但是不好意思。我完全反对您对与A公司进行并购的想法。
　敬请您的谅解。


韩国贸易公司 营业部 洪吉童
TEL：82-2-337-3053
FAX：82-2-337-3054


●●● A사와의 합병에 대한 건

　홍길동입니다. 덕분에 잘 지내고 있습니다. 오늘 11일자 메일을 받았습니다.
　그러나 A사와의 합병에 관한 귀하의 생각에는 유감스럽지만, 전적으로 반대합니다.
　이해해 주시기를 바랍니다.

---

**Point 1** 　의견의 재고를 요청하는 패턴

 **能否请您再考虑一下**로 부드럽게 부탁한다

商务邮件范文

**1**

听说您要结束与我们公司的合同。**能否请您再考虑一下。**

저희 회사와의 계약을 중지한다는 귀하의 결정을 재고해 주시면 안 될까요?

 '能否请您再考虑一下。'(재고해 주시면 안 될까요?)는 상대의 결정에 대해 다른 의견을 낼 때 쓰는 표현이다. '계약을 깨다'는 '毁约', '撤消合同'이라 하고, '계약을 맺다'는 '签订合同', '缔结合同'이라 한다.

商务邮件范文

**2**

**希望您再次考虑解雇洪吉童先生的决定。谢谢您。**

홍길동 씨를 정리해고 한다는 귀하의 결정을 재고해 주시면 정말 감사하겠습니다.

 '希望您再次考虑~的决定。'(~결정을 재고해 주시면 정말 감사하겠습니다.)은 상대가 내린 결정에 대한 검토를 다시 한 번 요청하는 표현이다.

商务邮件范文

**3**

如果我们成功猎头洪吉童先生，**您可否再次考虑一下**中断该项目**的这一决定。**

홍길동 씨를 헤드헌팅할 수 있다면, 이 프로젝트를 중지한다는 결정을 재고해 주시겠습니까?

 '如果~您可否~'(~하면 ~하겠습니까?)와 같은 질문 방법을 써서 재고를 요청하는 표현이다. '만약 이 프로젝트를 성공시키면'과 같이 쓰고 싶을 때는 '如果该项目将获得成功'이라고 조건을 내세우며 결정의 재고를 부탁하는 방법도 있다.

**Words** · · · · · · · · · · · · · · · · · · · · · · · · · · · · · · · · · · · · · · · · · · · · · · · · · · · · · · · · · · · · · · · · · · · · · · · · · · · · · · · · · · · · · · · · · · · · · ·
- 考虑 kǎolǜ 고려하다 • 结束 jiéshù 끝나다 • 毁约 huǐyuē 계약을 파기하다 • 撤消 chèxiāo 취소하다, 없애다
- 缔结 dìjié 체결하다 • 决定 juédìng 결정하다 • 猎头 lìètóu 고급 인재를 발굴하다 • 中断 zhōngduàn 중단하다

**Point 2**  의견에 완곡하게 반대하는 패턴

 '정리가 필요한 문제'는 需要整理一下的问题

商务邮件范文 **1**

我在一定程度上赞同您的意见。但在我们作出最终决定之前，是不是需要整理一下两三个问题。

> 귀하의 의견에는 저도 어느 정도까지는 찬성하지만, 저희의 계획을 최종 결정 내리기 전에 아직 두세 가지 문제를 정리할 필요가 있지 않을까 하는 생각합니다.

 먼저 '我在一定程度上赞同您的意见。'(~정도까지는 찬성하지만)으로 상대의 의견을 존중한 후 '但在 ~前，是不是需要整理一下两三个问题。'(~하기 전에 아직 두세 가지 문제를 정리할 필요가 있지 않을까 하는 생각합니다.)로 간접적인 반대 의사를 밝히고 있다.

商务邮件范文 **2**

我们十分了解您的立场，但希望您也考虑一下我们公司的立场。

> 당신의 입장은 충분히 알겠지만 저희 회사의 입장도 고려해 주셨으면 합니다.

 상대의 주장을 일단 받아들이는 자세를 보인 후에 '그렇기는 해도 이쪽 입장에서는~'이라고 반대 의견을 말할 때 쓰는 표현이다. 이 밖에 '您也站在我们的立场想一下该问题。'(저희 입장에서도 문제를 고려해주세요.)라고 말할 수 있다.

商务邮件范文 **3**

我充分理解您的想法。但希望您也考虑一下我们公司的立场，我们公司的存亡都取决于该项目的成功。

> 당신의 의견은 충분히 이해가 갑니다만, 이 프로젝트의 성공에 회사의 사활이 걸려있는 저희의 입장도 고려해 주셨으면 합니다.

 완곡하지만 가장 강하게 입장을 표명하는 표현이다. '저의 회사의 사활이 ~에 걸려 있다'는 '我们公司的存亡都取决于~'라고 한다.

**Words**
- 整理 zhěnglǐ 정리하다 • 程度 chéngdù 정도, 수준 • 赞同 zàntóng 찬성하다 • 十分 shífēn 매우 • 了解 liǎojiě 자세하게 알다
- 立场 lìchǎng 입장 • 理解 lǐjiě 알다, 이해하다 • 存亡 cúnwáng 존망 • 取决于 qǔjuéyú ~에 의존하다, ~에 달려 있다

**Point** **3** 의견에 전적으로 반대하는 패턴

 '유감스럽지만, 전적으로 반대합니다'는 **不好意思。但我完全反对~**

商务邮件范文

**1**

**不好意思。但我完全反对**您对与A公司进行并购的想法。

A사와의 합병에 관한 귀하의 생각에는 유감스럽지만, 전적으로 반대합니다.

 '유감스럽다'는 '不好意思。'또는 '我们感到有点遗憾。'을 쓴다. '전적으로 반대합니다'는 '我完全反对~'또는 '我完全不同意~'로 직접적인 반대 의사를 밝히는 표현이다.

商务邮件范文

**2**

**我基本不同意您的观点，我们不希望**让洪吉童先生来负责该项目。

이 프로젝트를 홍길동 씨에게 맡기겠다고 하는 귀하의 주장에는 전혀 동의할 수 없습니다.

 '~고 하는 귀하의 주장에는 전적으로 동의할 수 없습니다'는 '我基本不同意您的观点，不希望 ~'(저는 귀하의 주장에 전적으로 동의하지 않아 ~해서는 안 됩니다.)으로, 상대의 의견과는 정반대임을 나타내는 표현이다.

商务邮件范文

**3**

**我们坚决反对**解雇王总的想法。

왕 사장님을 그만두게 하겠다는 의견에는 결사반대입니다.

 '~하는 의견에는 결사반대입니다'는 '我们坚决反对~', '我们强烈反对~'로 가장 강하게 반대 의사를 나타내는 표현이다. '사직하다, 직장을 그만두다'는 '辞职', '해고되다, 해임되다'는 '被解雇', '被解职', '炒鱿鱼'라고 표현한다.

**Words** ································································································
• 并购 bìnggòu 인수 합병하다 • 观点 guāndiǎn 관점, 견해 • 负责 fùzé 책임지다 • 坚决 jiānjué 단호하다
• 解雇 jiěgù 해고하다 • 辞职 cízhí 사직하다 • 解职 jiězhí 직무를 해제하다 • 炒鱿鱼 chǎoyóuyú 해고하다, 파면하다

### 대안을 내는 것도 작전의 하나

비즈니스에서 협상은 중요한 요소 중 하나이다. 상대의 제안에 반대 의견을 낼 경우 자칫 잘못하면 협상을 망칠 수 있다. 여기서는 상대의 기분을 상하지 않게 대안을 제시하는 기본 표현을 소개한다.

- 我认为与其跟A公司签订合同，不如跟B公司签订合同。
  A사와 계약을 하는 것보다 B사와 계약하는 것이 좋다고 저는 생각합니다.

- 下个星期将举办聚会。那时我们就该新案件进行详细的讨论吧。您觉得怎么样?
  다음 주 미팅을 하니 그때 이 새로운 안에 대해 자세히 의논하는 것은 어떠신가요?

**Words**
- 与其~不如~ yǔqí bùrú ~하기 보다는 차라리 ~하는 것이 낫다 • 聚会 jùhuì 모임 • 案件 ànjiàn 사안, 안건
- 详细 xiángxì 상세하다, 자세하다

## Quiz 이런 경우에는 중국어로 어떻게 표현?

**Q1.** 听说您要结束与我们公司的合同。能否请您再 〔　〕 一下。
저희 회사와의 계약을 중지한다는 귀하의 결정을 재고해 주시면 안 될까요?

**Q2.** 我在一定程度上 〔　〕 您的意见。但在我们作出最终决定之前，是不是需要 〔　〕 一下两三个问题。
귀하의 의견에는 저도 어느 정도까지는 찬성하지만, 저희들의 계획을 최종 결정내리기 전에 아직 두세 가지 문제를 정리할 필요가 있지 않을까 하는 생각합니다.

**Q3.** 不好意思。但我完全 〔　〕 您对与A公司进行并购的想法。
A사와의 합병에 관한 귀하의 생각에는 유감스럽지만, 전적으로 반대합니다.

**Answer**
Q1 考虑 Q2 赞同,整理 Q3 反对

**Exercise** 한중 번역 도전!

Ex1. 개발 프로젝트를 일시 정지하겠다고 하는 귀하의 결정을 재고해 주시길 바랍니다.

Ex2. 당신의 입장은 알겠지만, 저희 팀의 입장도 고려해 주셨으면 합니다.

Ex3. 개발계획을 앞으로 어떤 식으로 추진할지에 대해서는 유감이지만 귀하의 생각에는 전적으로 반대합니다.

**Answer**

**Ex1** 请您再考虑一下로 결정의 재고를 부탁한다

请您再考虑一下要临时中断该开发项目的这一决定。
'再考虑一下.'대신 '重新考虑一下.'를 사용해 '希望您重新考虑一下~的决定.'이라 말할 수 있다.

**Ex2** 我们十分了解您的立场，但~으로 먼저 이해를 나타낸다

我们十分了解您的立场，但希望您也考虑一下我们的立场。
'당신의 입장은 알겠지만'이라고 먼저 상대의 입장을 이해해 주는 표현을 한 후 이쪽의 부탁을 하는 표현이다. '제 입장도 고려해 주셨으면 합니다'는 '请您也考虑我们的立场。', '希望您了解一下我们的立场。'으로 쓴다.

**Ex3** 不好意思。但我完全反对~로 전적인 반대 의사를 밝힌다

不好意思。但对于今后该怎么展开这一开发计划，我完全反对您的意见。
'앞으로'라고 말할 때는 '今后'를 쓴다. '유감이지만 귀하의 생각에는 전적으로 반대합니다'는 '我们感到有点遗憾。但我们坚决不同意~'라고 말할 수 있다.

# 30

## 기대 · 불안 · 확신의 메일 쓰기

**Point 1** 기대를 표현하려면?

**Point 2** 불안을 표현하려면?

**Point 3** 확신을 표현하려면?

어떠한 사안에 대한 주관적인 감정을 표현하는 방법은 다양하다. 이 과에서는 절실한 희망이나 기대를 전달할 때, 간접적인 우려의 뜻을 전달할 때, 확신을 통해 상대를 안심시킬 때 쓸 수 있는 표현 등을 알아보자.

---

**发件人** gdhong@mycompany.com

**收件人** chunling@yourcompany.com

**标题** 关于做演示的信函

---

李主任:

您好!

我是洪吉童。对于做演示，如果您准备有关资料，那我就能在今天内写完演示文稿。

韩国贸易公司 营业部 洪吉童
TEL：82-2-337-3053
FAX：82-2-337-3054

---

●●● 프레젠테이션 건

홍길동입니다. 프레젠테이션의 건 말입니다만, 자료를 준비해 주신다면 오늘 중에 원고를 완성할 수 있을 것 같습니다.

**Point 1**　**기대를 표현하려면?**

　只要~那我就能~으로 희망적 관측을 표현한다

商务邮件范文 **1**

对于做演示，只要您准备有关资料，那我就能在今天内写完演示文稿。

프레젠테이션 건 말입니다만, 자료를 준비해 주신다면 오늘 중에 원고를 완성할 수 있을 것 같습니다.

'对于~，只要~，那我就能~.'(~건 말입니다만, ~만 해준다면, ~가능할 것이라고 생각합니다)은 희망적인 관측을 나타낼 때 쓰는 기본 표현이다.

商务邮件范文 **2**

就我们公司而言，我们只希望您采用我们的企划案。

저희로서는 이쪽 계획안을 채택해 주실 것을 바랄 뿐입니다.

절실한 희망을 전할 때의 표현이다. '우리 회사로서는'은 '就我们公司而言'으로 예를 들면 '就我们公司而言，我们非常希望能与贵公司签订合同。'(우리 회사로서는 귀사와의 계약 성립을 바라는 바입니다.)과 같이 쓴다.

商务邮件范文 **3**

我们衷心期待该项目能够顺利完成。

이번 프로젝트의 완성을 진심으로 바라고 있습니다.

'我们盼望~', '我们衷心期待~', '我们热烈希望~'(~을 진심으로 바라고 있습니다)으로 진심으로 바라고 있음을 표현한다.

---

**Words** ·······

• 演示 yǎnshì 프레젠테이션 • 准备 zhǔnbèi 준비하다 • 文稿 wéngǎo 원고, 초고 • 采用 cǎiyòng 채용하다, 채택되다
• 企划 qǐhuà 기획하다 • 签订 qiāndìng 체결하다 • 合同 hétong 계약서 • 顺利 shùnlì 순조롭다 • 盼望 pànwàng 간절히 바라다
• 衷心 zhōngxīn 충심의, 진심의

**Point 2** 불안을 표현하려면?

 我们很担心~ 또는 我们对~表示担忧로 우려를 표현한다

商务邮件范文
**1**

因为很过快进行大厦的建设工程，我们很担心是否会出现什么漏洞。

빌딩 건설을 너무 서둘러서 미비점이 생기지 않을까 하고 우려하고 있습니다.

 '我们很担心是否会~'(~지는 않을까 하고 우려하고 있습니다.)는 문제가 발생할 우려가 있음을 나타낼 때 쓸 수 있는 표현이다.

商务邮件范文
**2**

项目进程速度达不到预期，我们对此表示担忧。

프로젝트가 예정보다 늦어지고 있어 걱정하고 있습니다.

 '对~表示担忧。'(~에 대해 걱정하고 있습니다)를 써서 우려를 표현하는 표현이다. '项目进程速度达不到预期。' 대신에 '项目进度达不到预期。'라고 말할 수 있다.

商务邮件范文
**3**

我认为经费超出预算是个问题。

경비가 예산을 초과하고 있는 것은 문제라고 생각합니다.

 '我认为~是个问题。'(~것은 문제라고 생각합니다)는 문제점을 지적하는 표현이다.

**Words**
• 大厦 Dàshà 빌딩, 건물 • 工程 gōngchéng 공사, 프로젝트 • 漏洞 lòudòng 빈틈, 결점 • 进程 jìnchéng 경과 • 速度 sùdù 속도
• 预期 yùqī 미리 기대하다 • 超出 chāochū 초과하다 • 经费 jīngfèi 경비 • 预算 yùsuàn 예산

**Point 3** 확신을 표현하려면?

 我承诺~ 또는 我保证~ 또는 请您放心으로 우려를 불식시킨다

商务邮件范文 **1**

**我们将尽快应对该问题。请您放心。**

그 문제에 관해서는 바로 대응할 테니 안심하세요.

 상대에게 안도감을 주는 표현으로 '안심하세요'는 '请您放心。'이라 표현한다. '关于'는 '~관해서는'이라는 의미로 '关于该问题，我们将尽快处理它。'로 바꿔 말할 수 있다.

商务邮件范文 **2**

**我们承诺一定会遵守截止日期。**

마감 기간을 엄수할 것을 약속하겠습니다.

 '약속합니다'는 '承诺'(약속하다, 맹세하다)라는 동사를 써서 표현한다. 이 밖에 '我保证一定会遵守截止日期。'라고 말할 수 있다.

商务邮件范文 **3**

**我们保证若没有您的同意，我们将不更改任何计划。**

귀하의 승인 없이 계획변경은 하지 않겠다는 것을 보증합니다.

 '我们保证~', '我们确信~'(~할 것을 확신합니다)이라고 확신과 자신감을 표현한다.

**Words** ⸳⸳⸳⸳⸳⸳⸳⸳⸳⸳⸳⸳⸳⸳⸳⸳⸳⸳⸳⸳⸳⸳⸳⸳⸳⸳⸳⸳⸳⸳⸳⸳⸳⸳⸳⸳⸳⸳⸳⸳⸳⸳⸳⸳⸳⸳⸳⸳⸳⸳⸳⸳⸳⸳⸳⸳⸳⸳⸳⸳⸳⸳⸳⸳⸳⸳⸳⸳⸳⸳⸳⸳⸳⸳⸳⸳⸳⸳⸳⸳⸳⸳⸳⸳⸳⸳⸳⸳⸳⸳⸳⸳⸳
• 承诺 chéngnuò 승낙하다, 대답하다 • 保证 bǎozhèng 보증하다, 확보하다 • 放心 fàngxīn 안심하다 • 遵守 zūnshǒu 준수하다
• 截止日期 jiézhǐrìqī 마감기일 • 更改 gēnggǎi 변경하다

## 상대방에게 자신의 입장이나 생각을 전달할 때의 표현

상대방에게 자신의 입장이나 생각을 전달할 때는 그 이유를 정확하게 전달하는 것이 좋다.

- 我们之所以中断新产品的开发，是因为预算有所缩减。
  신상품의 개발이 중지된 것은 예산삭감 때문입니다.

- 因预算缩减，我们中断了新产品的开发。
  신상품의 개발이 예산삭감으로 중지되었습니다.

- 我们需要增加工作人员。因为现在日程安排有点延迟。
  추가 인원이 필요한 것은 스케줄이 늦어지고 있어서입니다.

**Words**

• 中断 zhōngduàn 중단하다 • 需要 xūyào 필요하다 • 增加 zēngjiā 증가하다 • 工作人员 gōngzuòrényuán 사무 요원, 직원
• 延迟 yánchí 늦추다, 연기하다

**Quiz** 이런 경우에는 중국어로 어떻게 표현?

**Q1.** 对于做演示，⬚⬚⬚您准备有关资料，那我就能在今天内写完演示文稿。
프레젠테이션 건 말입니다만, 자료를 준비해 주신다면 오늘 중에 원고를 완성할 수 있을 것 같습니다.

**Q2.** 因为过快进行大厦的建设工程，我们很⬚⬚⬚是否会出现什么漏洞。
빌딩 건설을 너무 서둘러서 미비점이 생기지 않을까 하고 우려하고 있습니다.

**Q3.** 我们将尽快应对该问题。请您⬚⬚⬚。
그 문제에 관해서는 바로 대응할 테니 안심하세요.

**Answer**

Q1 只要 Q2 担心 Q3 放心

<Exercise> 한중 번역 도전!

Ex1. 자동결제 시스템 개발 프로젝트를 성공리에 끝내기를 진심으로 바랍니다.

Ex2. 귀사가 저희 회사의 경영방침을 정말로 이해하시고 계신지를 우려하고 있습니다.

Ex3. 두 번 다시 발송 스케줄이 늦추지 않을 것을 보증합니다.

## Answer

**Ex1** '~을 진심으로 바랍니다'는 衷心希望

我们衷心希望您能够成功完成自动结算系统的开发项目。

　　'~을 진심으로 바랍니다'는 '我们盼望~', '我们衷心期待~', '我们热烈希望~'으로 소개한 절실한 희망을 나타내는 표현이다. '성공리에 마치기를~'이라고 말하고 싶을 때는 '顺利完成~'이라고 한다.

**Ex2** '우려하고 있습니다'는 我们很担心~ 또는 我们对~表示担忧

我们对贵公司是否真正了解我们公司的经营方针，表示担忧。

　　우려를 나타낼 때는 '我们对~表示担忧.'를 쓴다. '~하지는 않을까 하고 걱정하고 있습니다'는 '我们很担心·是否会~'라고 한다.

**Ex3** '~을 확신합니다'는 我承诺~ 또는 我保证~

我们承诺再也不会推迟交货日期。

　　확신과 자신감을 나타내는 표현인 '我承诺~', '我保证~'을 쓴다. '늦추지 않을 것'은 '再也不会推迟~'라고 표현한다.

# 每天10分钟，
## 让您轻松成为中文商务邮件达人！

**10분 투자로 메일의 달인 되는 법**

업무상 트러블은 정도의 차이만 다를 뿐 항상 존재한다. 이 과에서는 문제 상황이 발생했을 때 대응하는 방법 및 완곡한 의사 표현 기법, 타협을 이끌어내는 방법 등 문제가 발생했을 때의 표현을 알아본다.

# 문제해결편 Part 8

# 31

## 문제 상황에 대응하는 메일 쓰기

**Point 1** 컴플레인 대응을 위한 속전속결 패턴
**Point 2** "나의 고충을 상대가 알게 하라" 패턴
**Point 3** 경고성 메시지의 다양한 패턴

비즈니스를 하다 보면 어김없이 문제 상황에 직면하게 된다. 이 과에서는 고객으로부터 컴플레인을 받았을 때 대응하는 표현, 이쪽의 고충을 알리는 표현, 경고성 메시지 등을 살펴본다.

---

**发件人** gdhong@mycompany.com

**收件人** chunling@yourcompany.com

**标题** 损失应对信函

---

李主任:
　您好!
　我是洪吉童。由于贵公司没有遵守约定，导致我们现在受到了严重的损失。希望您能够有诚意地予以应对。


韩国贸易公司 营业部 洪吉童
TEL：82-2-337-3053
FAX：82-2-337-3054

---

●●● 계약 불이행 건

홍길동입니다.
계약을 지켜주지 않은 상황에 심히 피해를 입고 있습니다.
성의 있는 대응을 부탁드립니다.

---

**Point 1** 컴플레인 대응을 위한 속전속결 패턴

 **컴플레인을 받았을 때는 사과를 먼저 한다**

商务邮件范文 **1**

首先要向您表示由衷的歉意。在得知我们公司的产品有缺陷后，我们感到非常抱歉。

저희 회사의 상품에 결함이 있었다는 연락을 받고 매우 죄송하게 생각하고 있습니다.

 고객으로부터 컴플레인을 받았을 때는 먼저 사과하는 문장으로 시작한다. '首先要向您表示由衷的歉意.' 그 이후에는 어떠어떠한 조치를 취하겠다는 대처방법을 설명한다.

商务邮件范文 **2**

对于您指出的问题，我们已经委托当地的专家进行调查。如果得知什么处理方法，我将立即联系您。

지적해 주신 건 말입니다만, 현지 전문가의 조사를 의뢰했으므로, 대처법을 알게 되면 즉시 연락을 드리겠습니다.

 컴플레인을 받고 '我们已经~(受理了投诉)'로 '컴플레인을 접수했다'는 사실을 알리는 표현이다.

商务邮件范文 **3**

对于今天用邮件接收到的投诉，请确认是否属实后寻找解决方法。

금일 메일로 도착한 컴플레인 건 말인데요, 사실관계를 확인해서 대응책을 검토해 주세요.

 사내에서 컴플레인을 접수하고 대응책을 지시하는 표현이다. '사실관계를 확인하다'는 '确认是否属实'로, '대응책을 검토하다'는 '寻找解决方法'로 쓴다.

**Words** ........................................................................................................................
• 由衷 yóuzhōng 진심으로, 충심의 • 歉意 qiànyì 미안한 마음 • 缺陷 quēxiàn 결함 • 委托 wěituō 의뢰하다, 위탁하다
• 调查 diàochá 조사 • 解决 jiějué 해결하다 • 投诉 tóusù 신고하다, 고발하다 • 属实 shǔshí 사실과 일치하다

**Point 2** "나의 고충을 상대가 알게 하라" 패턴

 '많은 피해를 입고 있습니다'는 现在受到了严重的损失

**1**

由于贵公司没有遵守约定，导致我们现在受到了严重的损失。
希望您能够对此有诚意地予以应对。

계약을 지켜주지 않은 상황에 심히 피해를 입고 있습니다. 성의 있는 대응을 부탁드립니다.

 상대방이 약속을 지키지 않아 이쪽이 많은 피해를 입었다며 불만을 표시하는 표현이다. '계약을 지켜주지 않은 상황'은 '由于贵公司没有遵守约定'으로 표현하고 '피해를 입다'는 '受到损失'라고 한다.

商务邮件范文

**2**

已经联系您多次，可是都没有收到回复。对此，我感到非常遗憾。

여러 번 연락을 했는데 지금까지 아무 답장도 없어 심히 유감스럽게 생각합니다.

 답장이 없는 것에 대한 불만을 제기하면서 직접적으로 유감을 표시하는 표현이다. 아무런 연락이 없는 것에 대한 당혹감을 표현하는 '我感到非常遗憾.'(아무런 연락도 받을 수 없는 상황에 진심으로 당황할 뿐입니다.)은 고충을 알리는 대표적 표현이다.

商务邮件范文

**3**

实在不能理解为什么到现在才提出要取消。

지금에 와서 취소하겠다고 하는 것은 납득이 가지 않는 점입니다.

 상대방의 행동에 불평을 토로할 때 쓰는 표현이다. '납득이 가지 않는다'는 '实在不能理解'(~하기 어렵다)라고 한다.

**Words** ·······································································································

• 损失 sǔnshī 손해 보다 • 遵守 zūnshǒu 준수하다 • 约定 yuēdìng 약속하다 • 诚意 chéngyì 성의 • 予以 yǔyǐ ~를 주다
• 应对 yìngduì 대처하다, 대응하다 • 取消 qǔxiāo 취소하다

## Point 3 경고성 메시지의 다양한 패턴

 请您格外注意一下로 주의를 준다

商务邮件范文 **1**

您的员工在没有任何通知的情况下，没有参加不久前的会议。请您格外注意一下不要再出现类似的情况。

일전의 미팅에 귀하의 사원이 연락도 없이 불참했습니다. 두 번 다시 이러한 일이 발생하지 않도록 앞으로 부디 주의해 주세요.

 '请您注意一下。'는 가장 가볍고 기본적인 경고 표현이다.

商务邮件范文 **2**

请注意。您在没有得到我公司允许的情况下，使用了我公司网页的信息。如果您继续使用下去，最坏的情况我们可能会进行相应的应对。

알려드립니다. 귀하는 당사의 홈페이지 정보를 저희 회사의 승낙 없이 사용 중입니다.
이대로 계속 사용한다면 최악의 경우, 응분의 조치를 강구하겠습니다.

 경고를 한 후에도 상대방이 개선하지 않는다면 강력한 조치를 취하겠다고 경고하는 표현이다. 또 다른 경고 표현으로는 '我们会进行强有力的应对。'(강력하게 대응하도록 하겠습니다.)가 있다.

商务邮件范文 **3**

我们还没有收到工程的贷款。如果您不尽快汇款，我们不得不采取法律手段。

공사 대금이 아직 도착하지 않았습니다. 빨리 입금해 주지 않으면 법적수단을 강구할 수밖에 없습니다.

 법적조치까지 불사하겠다는 강한 경고 표현 중 하나이다. '不得不'는 '~하지 않을 수 없다'의 뜻으로 '그렇게 하고 싶지 않지만 해야만 한다'는 의미를 내포하고 있다.

**Words** ··········································································································································
- 格外 géwài 별도로, 각별히 • 注意 zhùyì 주의하다 • 类似 lèisì 비슷하다, 유사하다 • 允许 yǔnxǔ 동의하다, 허가하다
- 网页 wǎngyè 인터넷 홈페이지 • 相应 xiāngyìng 상응하다, 알맞다 • 应对 yìngduì 대처하다, 대응하다
- 强有力 qiángyǒulì 강력하다 • 工程 gōngchéng 공사, 프로젝트 • 贷款 dàikuǎn 대여금
- 采取手段 cǎiqǔ shǒuduàn 수단을 취하다, 수단을 강구하다 • 法律 fǎlǜ 법률

## In More Depth 한걸음 더

### 상대방의 결정에 실망했다고 말하고 싶을 때의 표현

상대방의 결정에 유감을 표현할 때 '매우 유감스럽게 생각합니다'라는 의미는 '我们感到非常遗憾', '我们深感遗憾'으로 쓴다.

- 在得知贵公司突然取消了与我公司的合同后，我感到非常遗憾。
  귀사가 우리 회사와의 계약을 갑자기 취소했다는 사실을 매우 유감스럽게 생각합니다.
- 没有能和贵公司签署合同，我感到非常遗憾。
  귀사와의 계약이 성립되지 않았다는 사실을 매우 유감스럽게 생각합니다.

**Words**

• 得知 dézhī 알게 되다 • 突然 tūrán 갑자기, 갑작스럽다 • 合同 hétong 계약서 • 签署 qiānshǔ 정식 서명하다

## Quiz 이런 경우에는 중국어로 어떻게 표현?

**Q1.** 首先要向您表示由衷的歉意。在得知我们公司的产品有缺陷后，我们感到非常 ______ 。
저희 회사의 상품에 결함이 있었다는 연락을 받고 매우 죄송하게 생각하고 있습니다.

**Q2.** 由于贵公司没有遵守约定，导致我们现在受到了严重的损失。希望您能够对此有 ______ 地予以应对。
계약을 지켜주지 않은 상황에 심히 피해를 입고 있습니다. 성의 있는 대응을 부탁드립니다.

**Q3.** 您的员工在没有任何通知的情况下，没有参加不久前的会议。请您格外 ______ 一下不要再出现类似的情况。
일전의 미팅에 귀하의 사원이 연락도 없이 불참했습니다. 두 번 다시 이러한 일이 발생하지 않도록 앞으로 부디 주의해 주세요.

**Answer**

Q1 抱歉 Q2 诚意 Q3 注意

<Exercise> 한중 번역 도전!

**Ex1.** 이 메일에 첨부한 컴플레인에 대해 사실관계를 확인하고 대응책을 홍길동 씨에게 메일로 보내 주세요.

**Ex2.** 납기가 항상 늦어져 심히 피해를 입고 있습니다. 성의 있는 대응을 부탁드립니다.

**Ex3.** 매월 입금이 늦어지고 있습니다. 빠른 지불을 부탁드립니다. 최악의 경우, 계약을 취소하겠습니다.

**Answer**

**Ex1** 사내담당자에게 부탁할 때의 기본 표현
请在确认这封邮件附件上的投诉是否属实后，将解决方案用邮件发给洪吉童。
사내담당자에게 '적당한 대응을 해 주세요'라고 말하고 싶을 때는 '予以适当的应对。'라고 한다.

**Ex2** 성의 있는 대응을 부탁한다는 표현
由于经常不遵守交付日期，我们受到了严重的损失。请您有诚意地予以应对。
'성의 있는 대응을 부탁드립니다'는 '请您有诚意地予以应对。'로 표현한다.

**Ex3** '최악의 경우 ～하겠습니다'의 경고 표현
每个月都没有遵守汇款的时间。请您尽快汇款。最坏的情况，我们将取消合同。
경고 표현은 '请注意。'로 표현한다. 돈이 입금되지 않았다고 표현하고 싶을 때는 '没有收到汇款。', '到现在我们还没收到汇款。'(금일 현재 아직 입금되지 않았습니다.)으로 쓴다.

**Point 1** 완곡하게 허가를 구하고 싶다면?
**Point 2** 완곡하게 요구사항을 전달하고 싶다면?
**Point 3** 완곡하게 질문하려면?

때르는 자신의 요구사항을 직접 표현하는 것보다 완곡하게 돌려서 말하는 것이 더 효과적일 수 있다. 이 과에서는 상대방의 기분이 상하지 않게 허가를 구하는 표현, 요구사항을 전달하는 표현, 질문하는 기본 패턴 등을 배워 보자.

| | |
|---|---|
| 发件人 | gdhong@mycompany.com |
| 收件人 | chunling@yourcompany.com |
| 标题 | 关于合同的信函 |

李主任:
　您好!
　我是洪吉童。
　关于合同，如果您没有什么其他意见，我们想和A公司签署合同，您觉得怎么样?


韩国贸易公司 营业部 洪吉童
　TEL：82-2-337-3053
　FAX：82-2-337-3054


●●● 계약 건

홍길동입니다. 계약 건 말입니다만, 만약 이의가 없으시면 A사와의 계약을 맺고 싶은데 괜찮으신가요?

## Point 1   완곡하게 허가를 구하고 싶다면?

 **완곡하게 허가를 구할 때는 如果您没有其他意见을 쓴다**

商务邮件范文 ❶

**如果您没有其他意见，我们可以和A公司签署合同吗？**
만약 이의가 없으시면 A사와의 계약을 맺어도 되겠습니까?

완곡하게 무언가를 부탁하거나 허가를 구할 때에는 '만약 ~면'이란 뜻의 '如果~'를 쓴다. 만약 '특별히 반대가 아니라면'이라고 쓰고 싶을 때는 '如果您不是反对的话'(특별히 반대하는 의견이 없으시면)라고 한다. '我们想和A公司签署合同。'(A사와의 계약을 맺고 싶습니다.)으로 바꿔 쓸 수 있다.

商务邮件范文 ❷

**对于这个项目，洪吉童想要获得参加许可。**
홍길동 씨가 이 프로젝트에 참가하는 데 대한 허가를 받고 싶습니다.

'~하는 허가를 받고 싶습니다'는 '想要获得~许可'로 완곡한 허가를 구하는 표현이다.

商务邮件范文 ❸

**如果您同意的话，为了成功推行这个项目，我们想进行更加详细的现场调查。**
만약 허가해 주신다면, 이 프로젝트를 성공시키기 위해서 더욱 상세한 현지 조사를 하고 싶습니다.

'如果'와 마찬가지로 조건을 나타내는 '假设'를 써서 '假设您同意的话'(만약 허가해 주신다면)로 완곡한 표현을 나타낼 수 있다. '허가서를 받고 싶습니다만, 써 주시겠습니까?'라고 직접적으로 말하고 싶을 때는 '我们想拿到同意书，不知能否拜托您。'으로 말하면 된다.

**Words**
• 反对 fǎnduì 반대하다 • 获得 huòdé 얻다 • 许可 xǔkě 허가하다 • 详细 xiángxì 상세하다 • 现场调查 xiànchǎng diàochá 현지조사
• 拿到 nádào 받다, 손에 넣다 • 拜托 bàituō 부탁드리다

如果可以的话，我们想~으로 요구사항을 전달한다

**1**

如果可以的话，我们想**获得资金援助。**

가능하다면 자금 원조를 받고 싶은데요.

 '如果可以的话，我们想~'(가능하면 ~하고 싶습니다만)은 요구사항을 전할 때 요긴하게 쓸 수 있는 표현이다.

**2**

如果您在可以期限内**提交项目计划案，**将会对我们起到很大的帮助。
不知可不可以呢**？**

가급적 기한 내에 프로그램의 계획안을 제출해줬으면 하는데 가능할까요?

 '가급적 기간 내에 ~해 주셨으면 하는데 가능할까요?'는 '如果在期限内~，将会对我们起到很大的帮助，不知可不可以呢?'로 부드럽게 요구사항을 전달하는 대표적 표현이다.

**3**

即使全线运转，也不可能如期完成。如果可以的话，我们想**增加工作人员。**

현재 풀가동해도 일이 못 따라가는 상태이므로, 만약 가능하다면 인원을 증가시키고 싶습니다.

 직접적으로 말하지 않고 완곡하게 전달하고 싶다면 '如果可以的话，我们想~'(만약 가능하다면 ~ 하고 싶습니다만)을 쓴다.

**Words**
• 获得 huòdé 얻다 • 资金 zījīn 자금 • 援助 yuánzhù 지원하다, 원조하다 • 提交 tíjiāo 제기하다, 제출하다
• 计划 jìhuà 계획하다 • 全线 quánxiàn 전 노선 • 运转 yùnzhuǎn 운전하다 • 帮助 bāngzhù 돕다

**Point 3** 완곡하게 질문하려면?

 '알고 계신가요?'는 不知您是否知道

商务邮件范文

我们想知道A公司的联系方式，不知您是否知道。

A사의 연락처를 알고 싶은데 알고 계신가요?

 '希望您告诉我们~，不知您是否知道。'는 '~를 가르쳐 주셨으면 하는데, 알고 계신가요?'라는 의미이다. '~해 주실 수 있으신가요?'라고 하고 싶을 때는 '不知您是否可以~'라고 표현한다.

商务邮件范文 2

不知您是否可以告诉我们这个项目负责人的尊姓大名。

이 프로젝트의 리더가 누구인지 이름을 알려주실 수 있으신가요?

 '不知您是否可以给我们。'(~해 주실 수 있으신가요?)으로도 요구사항을 말할 수 있다. '您可以告诉我们~吗?'(알려주시겠습니까?)도 같은 표현이다.

商务邮件范文 3

对于城市计划持续推行与否，不知在下结论之前，在用点时间进行检查会不会更好一些呢?

도시계획을 지속할지 여부에 관해서 말인데요, 결론을 내기 전에 조금 더 시간을 들여 검토해보는 것이 좋지 않을까요?

 완곡하게 의견제시를 할 때는 '会不会更好一些呢 '(~하는 편이 좋지 않을까요?)를 쓴다. '결론을 내기 전에'는 '在下结论之前'이라고 한다.

**Words** ·············································································

• 联系方式 liánxì fāngshì 연락처 • 告诉 gàosu 말하다 • 负责人 fùzérén 책임자 • 尊姓大名 zūnxìngdàmíng 귀하의 존함
• 持续 chíxù 지속하다 • 推行 tuīxíng 보급하다, 추진하다 • 下结论 xià jiélùn 결론을 내리다 • 检查 jiǎnchá 검사하다

## In More Depth 한걸음 더

### 완곡하게 의견을 제시하는 다양한 패턴

상대방의 기분을 상하게 하지 않고 완곡하게 의견을 제시하는 표현을 소개한다.

- 与其考虑降价，朝着提高产品质量的方向思考是不是更好一些呢？
  가격을 내리는 것보다 상품의 질을 높일 생각을 하는 편이 좋지 않을까요?

- 产品销售情况不佳，可能是因为宣传不足。
  이 상품이 팔리지 않는 것은 홍보부족 때문일지도 모릅니다.

- 产品卖不出去，是不是因为宣传不足呢？
  이 상품이 팔리지 않는 것은 홍보부족 탓이 아닐까요?

**Words**

• 降价 jiàngjià 가격을 낮추다 • 朝着 cháozhe ~를 향해 • 质量 zhìliàng 품질 • 思考 sīkǎo 사고하다 • 销售 xiāoshòu 판매하다
• 宣传 xuānchuán 홍보하다, 선전하다

### Quiz 이런 경우에는 중국어로 어떻게 표현?

**Q1.** 如果您没有其他意见，我们可以和A公司签署      吗？

　　　만약 이의가 없으시면 A사와의 계약을 맺어도 되겠습니까?

**Q2.** 如果      的话，我们想获得资金援助。

　　　가능하다면 자금 원조를 받고 싶은데요.

**Q3.** 我们想知道A公司的      ，不知您是否知道。

　　　A사의 연락처를 알고 싶은데 알고 계신가요?

**Answer**

Q1 合同 Q2 可以 Q3 联系方式

**Exercise** 한중 번역 도전!

**Ex1.** 프로젝트상의 문제로 현지와 의논을 하고 싶은데 출장 허가를 내 주셨으면 합니다.

**Ex2.** 이 프로젝트에 관한 문제는 어떠한 것이라도 발생하는 즉시 곧 제게 보고해 주셨으면 하는데 가능할까요?

**Ex3.** 이 프로젝트의 성공을 위해서 홍길동 부장의 의견을 듣고 싶습니다.

**Answer**

**Ex1** '~한데 허가를 구하고 싶습니다'는 我们想~，希望能征求您的同意。

有关项目事宜，我们想出差和当地讨论，希望能征求您的同意。
'~한데 ~허가를 내 주셨으면 합니다'라는 뜻의 '我们想~希望能征求您的同意。'를 써서 완곡한 허가를 구한다.

**Ex2** '~해 주셨으면 하는데, 가능할까요?'는 我们希望您~，不知道可不可以

对于这个项目，只要发生任何问题，都希望马上直接报告给我。不知道可不可以。
완곡하게 요구사항을 밝히는 표현 중 하나이다. '只要'는 '~하는 대로'를 의미한다.

**Ex3** '~하고 싶은데요'는 我们想~

为了成功推行这个项目，我们想听一听洪吉童部长的意见。
'~하기 위해서'는 '为了~'로 일의 목적이나 이유를 나타내는 표현이다. '~하고 싶습니다'는 '我们想~'으로 표현한다.

**Point 1** '중요성'을 호소하는 패턴
**Point 2** '결의와 확신'의 패턴

상대방이 무언가 행동해 주기를 바랄 때 강한 요청은 자칫 고압적인 인상을 줄 수 있으므로 신중해야 한다. 교섭에 성공하기 위해서는 직접적인 요청보다는 사안의 중요성을 강하게 어필하여 상대방에게 적절한 판단을 내리도록 유도하는 것이 좋다. 이 과에서는 중요성을 호소하는 표현과 더불어 결의와 확신에 관한 표현을 알아보자.

---

发件人　gdhong@mycompany.com

收件人　chunling@yourcompany.com

标题　关于成立新分公司的信函

李主任:
您好!
我是洪吉童。托您的福，我们过得很好。
在成立一间新的分公司时，场所的选定是不是最为重要呢?

韩国贸易公司 营业部 洪吉童
TEL：82-2-337-3053
FAX：82-2-337-3054

●●● 새로운 지점 건

　홍길동입니다. 덕분에 잘 지내고 있습니다.
　새로운 지점을 만들려고 할 때는 장소 선택이 가장 중요하지 않을까요?

## Point 1 '중요성'을 호소하는 패턴

@ '~이 가장 중요하지 않을까요?'는 ~是不是最为重要呢?

商务邮件范文

**1**

在成立一间新的分公司时，场所的选定是不是最为重要呢?

새로운 지점을 만들려고 할 때는 장소 선택이 가장 중요하지 않을까요?

 '~하려고 할 때 ~가 가장 중요하지 않을까요?'라는 뜻의 '在~时, ~是不是最为重要呢?'를 써서 중요성을 상대방에게 인식시키는 표현이다.

商务邮件范文

**2**

对于洪吉童拟草的开发计划，我认为进一步进行讨论很重要。

홍길동 씨가 작성한 개발 계획 말입니다만, 더 논의하는 것이 중요하다고 저는 생각합니다.

 '~하는 것이 중요하다고 저는 생각합니다'라는 뜻의 '我认为~很重要.'로 자신의 주장을 분명하게 전달하는 표현이다. '절대 필요하다고 저는 생각합니다'로 말하고 싶을 때는 '我认为~是非常有必要的.'라고 한다.

商务邮件范文

**3**

我认为绝对不能放任职员导致的不光彩的事情。

직원이 저지른 불미스러운 일은 간과해서는 안 된다고 생각합니다.

 '我认为'를 사용하여 필요성을 상대방에게 호소한다. '绝对不能'는 '~해서는 안 된다'는 뜻으로 그렇게 하는 것이 당연하다는 의미를 갖고 있다.

### Words
• 成立 chénglì 설립하다, 창립하다 • 分公司 Fēnfēngsī 지점, 지사 • 选定 xuǎndìng 선정하다 • 放任 fàngrèn 방임하다, 내버려 두다
• 导致 dǎozhì 야기하다 • 不光彩 bùguāngcǎi 불미스러운

## Point 2    '결의와 확신'의 패턴

 无论如何都要~로 강한 결의 표현

商务邮件范文

**1**

**由于事关公司的名誉，所以无论如何都要成功推行这个项目。**

회사의 명예가 달려 있으므로, 어떻게 해서든 이 프로젝트는 성공시켜야만 합니다.

 '어떻게 해서든 ～해야 합니다'는 '无论如何都要~'로 강한 결의를 나타내는데 사용되는 표현이다.

商务邮件范文

**2**

**A公司有很多能力出众的工作人员，所以我坚信可以放心把事情交给他们。**

A사에는 유능한 스텝이 모여 있으므로, 안심하고 맡겨도 문제없을 거라고 생각합니다.

 '我坚信可以放心~'은 아주 강한 확신이 있다는 것을 전달할 때 쓰는 일종의 정해진 문구다. '我坚信~'의 또 다른 예를 들면 '我坚信这不是我们公司的过错.'(우리 회사의 과실이 아닌 것은 틀림없다고 생각합니다.) 등과 같이 쓴다.

商务邮件范文

**3**

**我确信一定能够成功推行这个项目。**

제게는 이 프로젝트를 꼭 성공시킬 자신이 있습니다.

 '～할 자신이 있습니다'는 '我确信~'으로, 강한 자신감으로 확신을 표현하는 대표적 표현이다. '꼭 성공시킬 수 있다'는 '一定能够成功~'을 쓴다.

**Words** ·······································

• 无论如何 wúlùnrúhé 어쨌든, 어찌 되었든 간에 • 事关 shìguān 일이 ~과 관련되다 • 名誉 míngyù 명예 • 推行 tuīxíng 추진하다
• 出众 chūzhòng 출중하다 • 坚信 jiānxìn 굳게 믿다 • 过错 guòcuò 잘못, 과실 • 确信 quèxìn 확신하다

## In More Depth 한걸음 더

### 상대가 문제의 핵심을 잘못 이해하고 있을 때 쓸 수 있는 표현

어떤 안건에 대해 상대방이 문제의 핵심을 잘못 이해하고 있다고 판단될 때 쓸 수 있는 표현을
소개한다.

- 在工作的时候，你个人的感情不会成为问题。
  일을 하는데 있어서 개인적인 당신의 감정은 문제가 되지 않습니다.

- 我不能理解你执着于采纳这个计划的理由。
  당신이 이 기획의 채택에 집착하는 그 이유를 잘 모르겠습니다.

- 要花费多少费用是其次的问题。
  비용이 어느 정도 드는지는 2차적인 문제입니다.

**Words** ·······
- 感情 gǎnqíng 감정 • 执着于 zhízhuóyú ~에 집착하다 • 采纳 cǎinà 받아들이다, 수락하다 • 理由 lǐyóu 이유
- 其次 qícì 다음, 부차적인 것

## Quiz 이런 경우에는 중국어로 어떻게 표현?

**Q1.** 在成立一间新的分公司时，场所的选定是不是最为 ▨▨▨ 呢？
  새로운 지점을 만들려고 할 때는 장소 선택이 가장 중요하지 않을까요?

**Q2.** 由于事关公司的名誉，所以 ▨▨▨▨▨▨ 都要成功推行这个项目。
  회사의 명예가 달려 있으므로, 어떻게 해서든 이 프로젝트는 성공시켜야만 합니다.

**Q3.** 我 ▨▨▨▨ 一定能够成功推行这个项目。
  제게는 이 프로젝트를 꼭 성공시킬 자신이 있습니다.

**Answer** ·······
Q1 重要 Q2 无论如何 Q3 确信

225

**Ex1.** 이 프로젝트를 성공시키기 위해서는 멤버 하나하나가 각자의 역할을 다하는 것이 중요하다고 저는 생각합니다.

**Ex2.** 이 신상품이 분명 젊은이들에게 호평을 얻을 것이라 생각합니다.

**Ex3.** 기술 주임 홍길동 씨로부터 추천장을 받은 것은 필요하고도 중요한 일입니다.

**Answer**

**Ex1** '~이 중요하다고 생각한다'는 我认为~是很重要的

为了成功推行这个项目，我认为每个成员都尽其所能是很重要的。
'我认为'를 사용하여 필요성을 상대방에게 호소한다. '역할을 다하다'는 '尽其所能'을 쓴다.

**Ex2** '틀림없다'는 我确信~

我确信这个这个新产品一定会受到年轻人的好评。
'인기가 있다, 반응이 좋다'는 '受到好评', '获得很高的人气', '反应很好' 등 다양하게 표현할 수 있다.

**Ex3** '또한~하다'는 也是

从洪吉童技术主任那里获得推荐信是非常有必要，也是重要的事。
'~로부터 추천장을 받다'는 '从~那里获得推荐信'을 쓰고, '也是'는 '또한~하다'라는 뜻이다.

# 34

## 타협을 이끌어내는 메일 쓰기

**Point 1** 타협안을 수용하는 표현 패턴
**Point 2** 타협안에 거부권을 행사하는 표현 패턴
**Point 3** 타협안을 조건부 수용하는 표현 패턴

비즈니스에서 서로의 조건을 맞춰 타협안을 이끌어내는 것은 중요한 능력 중 하나이다. 이 과에서는 상대방의 타협안을 수용하거나 거절하는 표현, 타협안을 조건부 승인하는 표현들을 배워 보자.

---

发件人　gdhong@mycompany.com

收件人　chunling@yourcompany.com

标题　估价单事宜信函

李主任:
　您好!
　我是洪吉童。如果今天提交的报价单是贵公司的最终决定，那么非常遗憾，我们不得不取消这一事宜。

韩国贸易公司 营业部 洪吉童
TEL：82-2-337-3053
FAX：82-2-337-3054

●●● 견적서 건

　　홍길동입니다. 오늘 제출하신 견적서가 그쪽의 최종적인 결정이라면, 매우 유감스럽지만 당사로서는 취소할 수밖에 없습니다.

**Point** **1** 타협안을 수용하는 표현 패턴

 타협안을 수용할 때는 我认为妥协案很合理，所以我也表示赞成을 쓴다

商务邮件范文 **1**

我认为A公司提出的妥协案很合理，所以我也表示赞成。

A사가 낸 타협안은 타당하다고 생각하므로, 그 안에 저도 찬성합니다.

타협안을 수용할 때 쓰는 기본 표현이다. '저도 찬성합니다'는 '我也表示赞成.'이라고 한다.

商务邮件范文 **2**

我认为A公司的妥协案对我们公司不会带来任何损失。

A사의 타협안은 저희 회사에 있어서도 손해는 아니라고 생각합니다.

타협안을 수용한다는 표현을 '不会带来任何损失.'(손해는 아니라고 생각합니다.)를 써서 간접적으로 나
타낼 수도 있다. '对于~, 从~立场来看'은 '~에 있어서 ~의 입장에서 보면'이라는 뜻으로 뒤에
는 보통 평가와 관련된 내용이 온다.

商务邮件范文 **3**

如果贵公司体统一半的资金，我们也会提供相应的一半。

귀사가 자금을 반 제공해 주신다면 저희 회사도 반을 내겠습니다.

타협 조건을 제시할 때는 '如果~'(~해 주신다면)를 쓴다. '~협력해주신다고 한다면, 저희 회사는 책
임을 지겠습니다'와 같이 표현하고 싶을 때는 '如果您合作的话，我们公司将负所有的责任.'이
라고 한다.

**Words** ••••••••••••••••••••••••••••••••••••••••••••••••••••••••••••••••••••••••••••••••••••

• 妥协 tuǒxié 타협하다 • 合理 hélǐ 합리적이다 • 赞成 zànchéng 찬성하다 • 带来 dàilái 가져오다, 일으키다
• 损失 sǔnshī 손실 • 体统 tǐtǒng 체통, 격식 • 资金 zī jīn 자금 • 相应 xiāngyìng 상응하다, 적절하다

**Point 2** 타협안에 거부권을 행사하는 표현 패턴

 타협안에 반대할 때는 我们不得不拒绝~를 쓴다

商务邮件范文

**1**

如果今天提交的报价单是贵公司的最终决定，那么非常遗憾，
我们不得不拒绝这一事宜。

오늘 제출하신 견적서가 그쪽의 최종적인 결정이라면, 매우 유감스럽지만 당사로서는 거절할 수밖에 없습니다.

 '~是贵公司最终决定，那么非常遗憾，我们公司不得不~'(~가 그쪽의 최종적인 ~이라면, 아주 유감
이지만, 당사로서는 ~하지 않을 수밖에 없습니다.)는 강한 자세로 상대방의 타협안에 반대의사를 표명하
는 표현이다.

商务邮件范文

**2**

我很怀疑洪吉童提出的妥协案是否是有效的解决之策。

홍길동 씨가 제안한 타협안이 유효한 해결책인지 아닌지 저로서는 의문입니다.

 '~인지 아닌지 저로서는 의문입니다'는 '我很怀疑~是否是~'로 상대의 제안에 의문을 제시하면
서 거부 의사를 밝히는 표현이다.

商务邮件范文

**3**

非常遗憾，如果您不提供资金，我们不能继续这个项目。

유감이지만 자금제공을 해주시지 않으면 이 프로젝트는 계속할 수 없습니다.

 '如果您不~，我们不能~'(~해 주시지 않으면, ~할 수 없습니다.)은 조건을 제시하면서 강하게 타협안
을 제시하는 표현이다.

---

**Words**
• 拒绝 jùjué 거절하다 • 提交 tíjiāo 제안하다, 제출하다 • 报价单 bàojiàdān 견적서 • 事宜 shìyí 일, 사항
• 怀疑 huáiyí 의심하다, 추측하다 • 解决之策 jiějuézhīcè 해결책 • 提供 tígōng 제공하다

**Point 3** 타협안을 조건부 수용하는 표현 패턴

## '~만 ~해 주신다면'는 只要可以~로 쓴다

商务邮件范文 **1**

> **只要可以**延长交货期限，对于项目变更，**我们没有其他任何意见。**
> 납기기한만 연장해 주신다면 프로젝트의 변경에 대해 저희들은 아무 이의가 없습니다.

 '~만 ~해 주신다면'은 '只要~'로 타협을 위한 조건부 수용 표현이다. '我们没有其他任何意见。'은 '저희들은 아무 이의도 없습니다'라고 적극적인 자세를 보여주면서 이쪽이 제시하는 조건에 동의를 구하고 있다.

商务邮件范文 **2**

> **如果您**相信我们公司把项目交给我们，**我们将为了贵公司全力以赴。**
> 저희 회사를 믿고 맡겨 주신다면 저희 회사는 귀사를 위해 전력을 다하겠습니다.

 '如果您~'(~해 주신다면)으로 조건을 나타내면서 그 조건이 충족된다면 적극적으로 상대방의 안건을 받아들이겠다는 답변이다. '全力以赴'는 '전력을 다하다'라는 뜻이다.

商务邮件范文 **3**

> **只要您**结算，**我们将立即开启工作。**
> 결제만 해 주신다면, 바로 일에 착수하겠습니다.

 '只要~'(~만 해 주신다면)도 조건을 제시하면서 타협안을 내는 표현 중 하나이다. '귀사가 결제만 해 주신다면 바로 ~하겠습니다'라고 표현할 때는 '只要您结算，我们将立即~'라고 한다.

---

**Words** ·······················································································

- 延长 yáncháng 연장하다 · 交货期限 jiāohuò qīxiàn 납기기한, 납품기한 · 变更 biàngēng 변경하다
- 全力以赴 quánlìyìfù 전력 투구하다 · 结算 jiésuàn 결산하다 · 开启 kāiqǐ 시작하다

# In More ◁Depth▷ 한걸음 더

## 조건부 수용에 빼놓고 등장하는 가정형

조건을 제시하면서 타협안을 낼 때는 보통 가정형을 쓴다.

- 对于新项目开发，只要您同意，我们将立即开启工作。
  신프로젝트의 개발 건 말입니다만, 승낙만 해 주신다면 즉시 착수하겠습니다.

- 对于工程的缓慢推进，如果您允许的话，我们将增加人手。
  공사가 늦어지고 있는 건 말입니다만, 허가를 해 주신다면 작업인원을 늘리려 합니다.

**Words**
- 开启 kāiqǐ 시작하다 • 缓慢 huǎnmàn 느리다 • 推进 tuījìn 추진하다 • 允许 yǔnxǔ 동의하다, 허가하다
- 人手 rénshǒu 일손, 일하는 사람

# ◁Quiz▷ 이런 경우에는 중국어로 어떻게 표현?

**Q1.** 我认为A公司提出的妥协案很 ▨▨▨ ，所以我也表示赞成。
A사가 낸 타협안은 타당하다고 생각하므로, 그 안에 저도 찬성합니다.

**Q2.** 如果今天提交的报价单是贵公司的最终决定，那么非常遗憾，
我们不得不 ▨▨ 这一事宜。
오늘 제출하신 견적서가 그쪽의 최종적인 결정이라면, 매우 유감스럽지만 당사로서는 거절할 수밖에 없습니다.

**Q3.** ▨▨▨ 可以延长交货期限，对于项目变更，我们没有其他任何意见。
납기기한만 연장해 주신다면 프로젝트의 변경에 대해 저희들은 아무 이의가 없습니다.

**Answer**
Q1 合理 Q2 拒绝 Q3 只要

231

**Ex1.** 귀사가 제안한 조건은 타당하다고 생각하므로 저희 회사도 찬성합니다.

**Ex2.** A사가 제안한 조건이 저희 회사에 있어서도 유익한지 아닌지 저에게는 의문입니다.

**Ex3.** 귀사가 우리의 조건을 들어 주신다면 우리쪽에서도 바로 작업에 착수하겠습니다.

## Answer

**Ex1** '저희 회사도 찬성합니다'는 我们公司也赞成

由于贵公司提出的条件很合理，所以我们公司也赞成。
'~조건은 타당하다고 생각하므로 ~도 찬성합니다'는 '~条件很合理，~也赞成。'으로 쓴다.

**Ex2** 의문을 제시하면서 타협안에 불만을 표시할 때

我怀疑A公司提议的条件对于我们公司是否有利。
상대방이 내놓은 타협안에 의문을 제시하면서 반대의사를 표명하는 표현이다.

**Ex3** 조건을 제시할 때의 기본 표현은 如果~

如果贵公司接受我们的条件，我们将立即采取行动。
'如果~，我们~。'으로 조건을 제시하고 그 조건이 충족된다면 이쪽에서도 액션을 취하겠다는 표현이다.